S

40-17

HANS SACHS, *1494-1576*

FASTNACHTSPIELE

AUSGEWÄHLT UND HERAUSGEGEBEN

VON

THEO SCHUMACHER

DEUTSCHE TEXTE 6

MAX NIEMEYER VERLAG TÜBINGEN 1957

DEUTSCHE TEXTE

Herausgegeben von

Richard Alewyn und Ludwig E. Schmitt

6

Hans Sachs

Fastnachtspiele

Ausgewählt und herausgegeben von

Theo Schumacher

A-T

Alle Rechte vorbehalten. Printed in Germany
Copyright by Max Niemeyer Verlag, Tübingen 1957
Druck: Ferd. Oechelhäusersche Buchdruckerei Kempten/Allgäu

INHALT

Einleitung

Fastnachtspiele

Anhang

EINLEITUNG

Zur Auswahl der Spiele

„ . . . Aber mein bester gutherziger freundtlicher Leser/
Du wöllest diſz ander Buch meiner Gedicht anemen/für
ein gemeines offens Luſtgärtlein/ſo an offner Straſſen
ſteht/für den gemeinen Mann/darinn man nit allein
findet etliche ſüſz fruchttragende Bäumlein zur Speyſz
der geſunden/ſonder Wurtz vnd Kraut ſo reſz vnd pitter
ſindt zu artzney/die krancken gemüter zu purgieren/vnd
die böſen feuchtigkeit der Laſter aufzzutreiben/Dergleich
findt man darinn wohlriechende Feyel/Roſen vnd Lylien
aufz den man krefftige Waſſer/öl vnd Säfft diſtilieren
vnd bereyten mag/die abkrefftigen vnd ſchwachen ge=
müter/ſo bekümmert vnd abkrefftig ſindt/zu ſtercken vnd
wider auffzurichten/auch entlich mancherley ſchlechte Ge=
wechs vnd Feldplümlein/als Klee/Diſtel vnd Koren=
plümlein/Doch mit ſchönen lieblichen farben/die ſchwer=
mütigen Melancoliſchen gemüter frölich vnnd leicht=
ſinnig zu machen/Bin alſo guter tröſtlicher hoffnung/
das es on nutz nit abgen werdt/Solichs gutherziger
freundtlicher Leſer/wölleſt von mir mit gutem hertzen
anemen/wie ich deñ das niemand zu neyd noch nachteil/
auch noch vil weniger zur Heuchlerey/ſonder mit gutem
hertzen Gott zu ehre/zu aufferbawung guter ſitten
vnd tugent/vnd zu aufzreutung der Laſter an Tag
gegeben habe/wie mir das ein jedes Gedicht bey einem
verſtendigen zeugnis giebet/Darmit Gott ewig be=
folhen[1]).“

So beschloß Hans Sachs am 9. Februar 1560 die Vorrede zum zweiten Bande der ersten Folioausgabe seiner Werke. Lebens- und Werkraum war ihm Nürnberg, bürgerliche Weltstadt in einer Zeit, die die „Bürgerlichkeit" zur allgemein verbindlichen Lebensnorm erhoben hatte, „Aug und Ohr Deutschlands" (Luther)[2]), eines der Zentren des Kräftespiels zwischen spätmittelalterlicher Tradition, Humanismus und Reformation.

Auch auf dem geschichtsträchtigen Boden der freien Reichsstadt gehörte das Aufführen von Fastnachtspielen innerhalb des Brauchtums der Vorfastentage zum Vorrecht der Handwerker. Noch bis zu Rosenplüt und Hans Folz war die Herkunft der Spiele von den Schwänken germanischer Männerbünde im Rahmen kultischer Vorfrühlingsfeste (Höfler, Stumpfl)[3]) wirkmächtig. Aus der Funktion dieser Kultverbände erklärt sich das Vorherrschen bestimmter derb-sinnlicher und satirisch-rügender Szenen wie das „Gerichtsspiel" als verbreitetste Form. Erst in den Fastnachtspielen des Hans Sachs, in ihrer Überzahl in den Jahren um die Mitte des 16. Jahrhunderts entstanden, ist der letzte Schritt der Emanzipation vom kultischen Brauchtum getan, das Obszöne ins Moralisch-Didaktische gewandelt, der rüpelhaft-phallische Naturalismus gebändigt durch eine gutmütig-volkstümliche und in den besten Stücken zeitlose Gesellschaftskritik, die vom geistigsozialen Standort des Kleinbürgertums ihre kontrapunktischen Werturteile fällt, aber nicht zuletzt im Wissen um die Sündhaftigkeit und Narrheit aller Menschen wurzelt. Der Text, nicht mehr nur Partitur zur Aufführung, bekommt selbständigen poetischen Wert. Damit ist das literarische Nürnberger Fastnachtspiel geschaffen, „schlechtweg das Vollkommenste, was bislang in deutscher Sprache auf dem Gebiet des ‚Spiels' geleistet worden ist" (Petsch)[4]).

Verbunden mit dem Weg zur literarischen Form ist
die Ausweitung des zuvor engbegrenzten Motivkreises:
„Hans Sachs erdichtet nichts, aber dichtet alles", ver-
merkt Jakob Grimm[5]), und der Verleger Joachim
Lochner bezeugt: „Hat sich der weitberümt vnd künst=
reich Hans Sachs seliger / zuuorderst aber / H. Schrifft /
vnd anderer mehr Authoren / die tag seines lebens / mit
embsigen lesen beflissen / darburch also vil herrlicher /
schöner / geistlicher vnd weltlicher / ernsthaffter vnd kürtz=
weyliger Historien zusammen getragen . . . Durch welches
fleissiges lesen vñ erkundigen . . . ist vorvermelten weit=
berümtē Hans Sachssen seligen / ein solche wolredenheit /
vnd Poetische Vena erfolgt / dasz er / wie er selbst offt
bekeñt / vnd ich mehrmaln von jm gehört / nechst Got / kein
grössere lieb / ergetzlichkeit vnd freud hab / denn mit lesen
vnd beschreiben schöner Historien / Geistlich vnd Weltlich.
Wie er dann Hans Sachsz seliger / niemals / oder wenig
gefeyret / sondern seine zeit / mit lesen / dichten vñ schreiben
zugebracht[6])", all das, wie der Meister selbst und Zeit-
genossen berichten, neben der Handwerksarbeit. Der
Stolz des bildungsfrohen „homo litteratus" auf seine
„lieberey" wie die Triebkräfte unersättlichen Lese-
hungers, der in einer Zeit, die den Begriff der „schönen
Literatur" nicht kennt, nach anderem verlangt als
nach ästhetischem Genuß, kommen im dreiundachzig-
sten Fastnachtspiel[7]) zum Ausdruck:

> Ja was von guetn püechern wirt fail
> In deütscher sprach die kauff ich auf
> Hab ir pracht int liebrey zv hauf
> Daran ir euren lust wert sehen
> Wan ich mag in der wahrheit jehen
> Kain gröser frewd hab ich auf erd
> Den zv lesen die püecher werd
> Da ich deglich erfar das pest

Das ich vor gar nit hab geweſt
Als ein ley vnd vnglerter mon.

Und wenig später repliziert der „Doktor mit der großen
Nase":

O junckher wie ein bewren ſchacz
Hapt ir von püchern auf dem placz
Solch meng het ich pey euch nit gſücht
Güet pücher leſen / gibt gros frücht
Voraus wo man darnach richt eben
Gedancken / wort / werck vnd gancz leben
Den wirt man tugentreich darfon
Auch lieb vnd wert pey idermon.

1562 konnte Hans Sachs in das Verzeichnis seiner
Büchersammlung über hundert Bände eintragen, eine
für die damalige Zeit überaus beachtliche Zahl, dar-
unter Aesop, Homer, Herodot, Plutarch, Apulejus,
Ovid, Plinius, Seneca, Petrarca und „Cento Nouella
Johanis Bocacio" in Übersetzungen, die „Geſta roma=
norum der römer gemain geſchicht puech" und die „Cro=
nica über gancz deutſchland Sebaſtian Francken" neben
der „Cronica Denmarck, Schweden, Nortwegen Alberti
Crancz"; der Eulenspiegel fehlte ebensowenig wie der
Herzog Ernst, Paulis Schimpf und Ernst und Sebastian
Brandts Werke; daneben nahmen theologische Bände
einen breiten Raum ein, Luthers Schriften zumal und
am Rande auch „Zwelff artikel des glaubens auf
papiſtiſch". Das alles spiegelte sich zusammen mit den
vielgestaltigen Bildern des Alltagslebens auf der Nürn-
berger Schusterkugel, und der versgewandte Meister
stezte das Geschaute tagtäglich um zum „Luſtgärtlein
für den gemeinen Mann". Das Bildungsgut, das die
gelehrten deutschen Humanisten aus griechischer und
römischer Antike wie aus der deutschen und neueren

italienischen Literatur zusammenbrachten und durch
den Druck an den Tag gaben, wird in den rund sechs-
tausend Dichtwerken des Hans Sachs ins Volk getragen.
„Als Sittenlehrer in ungebrochener Naivität stellt er die
ihm inhaltlich erschlossene Welt dar als Geschehnis auf
der sittlichen Ebene seines bürgerlichen Daseins" (Han-
kamer)[8]). „Die warheyt mit guten schwencken verdeckt
vnnd eingewickelt"[9]) soll in den Fastnachtspielen zu
Wort kommen.

Unsere Auswahl bringt Fastnachtspiele, deren litera-
rische Quellen im allgemeinen durch Neudrucke leicht
zugänglich und vergleichbar sind, darunter die Volks-
bücher vom Eulenspiegel und Neidhart Fuchs, Paulis
Schimpf und Ernst, die Sieben Weisen Meister, der
Ritter vom Thurn, Hermann von Sachsenheims Mörin,
Übertragungen von Niklas von Wyl, Albrecht von Eyb,
Ulrich Boner, Michael Herr, Schlüsselfelders Deka-
meron und die Fabeln des Petrus Alfonsi im Stein-
höwelschen Äsop. Fast jedes der Spiele hat Variationen
zum gleichen Thema, Bearbeitungen der zugrunde lie-
genden Quellen auch im Meistergesang und Schwank,
die hier zum Spiel von den ungleichen Kindern Evas
auch beigegeben sind, außerdem enthält der Anhang
die Legende von der Herkunft der verschiedenen
Stände aus Agricolas Sprichwörtern und die Über-
tragung eines Melanchthon-Briefes durch Vigilius Paci-
montanus. Es sollte so möglich sein, einen ersten Blick
zu werfen auf das Gewebe der literarischen Bezüge, in
den Bildungsraum des Nürnberger Schuhmachers und
Poeten, den auszumessen eine der wesentlichen Auf-
gaben einer immer noch fehlenden wissenschaftlichen
Hans-Sachs-Monographie sein dürfte.

Das vom damals dreiundzwanzigjährigen Dichter
am 21. Februar 1517 abgeschlossene Spiel vom „Hoff=
gesindt Veneris" zeigt noch die althergebrachte Form

des Reihenspiels. Besonders bei dem durch drei Akte ge-
gliederten Spiel vom „Neithart mit dem feyhel" aus
dem Jahre 1557 mag durch Vergleich mit dem
„Großen Neidhartspiel" eines unbekannten Verfassers
aus dem 15. Jahrhundert die Entwicklung der Gattung
deutlich werden, zu der neben jenem Revuespiel mit
seiner lockeren Folge von Szenen und Tänzen auch das
„Sterzinger Szenar", die einzige erhaltene Spielrolle
eines weltlichen Dramas zur Inszenierung eines Neid-
hartspiels, heranzuziehen ist. Am Neidhartspiel, das
im faksimilierten Hans-Sachs-Manuskript und zugleich
durch die Stuttgarter Hans-Sachs-Ausgabe im ersten
Nürnberger Druck vorliegt, können zudem am be-
quemsten Probleme der Edition in den Griff kommen,
die als erster Edmund Goetze gesehen hat, dem wir die
Ausgabe sämtlicher Fastnachtspiele in den Niemeyer-
schen Neudrucken und in Gemeinschaft mit Adalbert
von Keller die sechsundzwanzigbändige Ausgabe sämt-
licher im Druck erschienenen Werke verdanken.

Anmerkungen:

[1]) A 2, Vorrede = KG. 6,9 f., in A: aber mein beger... Leser |
ist | der;   [2]) zit. nach H. Kindermann, Meister der Komö-
die (1952) 117;   [3]) s. S. 12;   [4]) R. Petsch, Hans Sach-
sens Fastnachtspiel vom fahrenden Schüler im Paradeis: Zs. f.
Deutschkunde 50 (1936) 19;   [5]) J. Grimm, Die ungleichen
Kinder Evas: Zs. f. dt. Altertum 2 (1841) 260;   [6]) A 4, unbez.
Bl. 2b–3a;   [7]) s. S. 180 u. 185;   [8]) P. Hankamer,
Dt. Literaturgeschichte (1930) 112;   [9]) A 3, 3, 1 = KG. 14, 1.

Bibliographisches

1. HS.-Bibliographien: K. Schottenloher, Bibliogr.
zur dt. Geschichte im Zeitalter der Glaubensspaltung 2
(1935) Nr. 18465–19769; HS., hrsg. von A. v. Keller
und E. Goetze (= KG.), Bd. 26 (1908), 65–146;

ebd. S. 236–379 alphabetisches Verzeichnis der Anfangszeilen sämtlicher Dichtungen, die chronologisch in KG. 25 verzeichnet sind; Bibliogr. der Einzeldrucke ebd. Bd. 24; K. Goedeke, Grundriß zur Geschichte der dt. Dichtung 2 (1886), 408–437; E. Weller, Der Volksdichter HS. und seine Dichtungen. Eine Bibliographie (1868); dazu ein Nachtrag in: Germania 25 (1880) 230–232.

2. HS. hat seine Werke eigenhändig in 16 Meistergesangbücher (= MG.) und 18 Spruchgedichtbücher (= SG.) eingetragen; davon sind erhalten MG. 2, 3, 4, 5, 8, 12, 13, 15 in Zwickau, MG. 16 in Nürnberg, s. KG. 26, 7–11 und 16–25; SG. 4, 11, 12, 13, 16, 18 in Zwickau, SG. 5 in Berlin, SG. 6 in Dresden, SG. 9 und 10 in Leipzig, SG. 14 in Nürnberg, s. KG. 26, 11–16 und 25–41; in Zwickau befindet sich auch das autographische Generalregister, darin auf Bl. 78 das Register (= FSR.) der Fastnachtspiele (= FS.), s. S. 15–17 dieser Ausgabe; – HS., Spruchgedichte, Elfter Band, Faksimileausgabe der Zwickauer Originalhandschrift von 1557, hrsg. vom Stadtrat Zwickau mit einem Nachwort K. Hahn (1927).

Die erste Gesamtausgabe erschien in 5 Foliobänden 1558–1579 (= A): Sehr Herr=‖liche Schöne ‖ vnd war=haffte Gedicht. ‖ Geiſtlich vnnd Weltlich / allerley art als ‖ ernſtliche Tragedien / liebliche Comedien / ſeltzame Spil / kurtzweilige ‖ Geſprech / ſehnliche Klagreden / wunder=barliche Fabel / ſampt an=‖dern lecherlichen ſchwencken vnd boſſen ꝛc. Welcher ſtück ‖ ſeind dreyhundert vnnd ſechs vnnd ſibentzig. ‖ Darundter Hundert vnd ſibentzig ſtück / ‖ die vormals nie im truck auſzgangen ſind / ꝛetzund aber aller welt ‖ zu nutz vnnd frummen inn Truck ver=fertigt. ‖ Durch den ſinreichen vnd weyt berümbten Hans Sachſen ein lieb=‖haber teudſcher Poeterey / vom M.D.XVI. Jar / biſz auf diſz M.D.LVIII. ‖ Jahr /

zufamen getragen wnnd volendt. ‖ Getruckt zu Nürnberg
bey Chriſtoff Heuſzler. ‖ Im Jar / M.D.LVIII ‖ 8 und
545 Bl. Fol. – Das ander Buch ‖ Sehr Herr=‖liche Schöne
‖ Artliche vnd gebundene Gedicht ‖ mancherley art. ‖ Als
Tragedi / Comedi / Spiel / Geſprech / ‖ Sprüch vnd Fabel /
darinn auff das kürtzt vnd deutlicheſt an ‖ Tag gegeben
werden / viel guter Chriſtlicher vnd ſittlicher Lehr / auch
viel ‖ warhaffter vnd ſeltzamer Hiſtori / ſampt etlichen
kurtzweyligen ‖ Schwencken / doch niemandt ergerlich /
ſonder jeder=‖mann nützlich vnnd gut zu leſen. ‖ Drey=
hundert vnd zehen ſtück vorhin im erſten Buch ‖ noch
ſonſt im Truck nie geſehen noch auſzgangen. ‖ Durch den
ſinnreichen vnd weytberümbten Hans ‖ Sachſen ein Lieb=
haber Teutſcher Poeterey / mit fleyſz ‖ in diſz ander Buch
zuſamen getragen. ‖ Gedruckt zu Nürmberg durch Chri=
ſtoff Heuſzler / ‖ Anno Salutis M.D.LX Jar. ‖ 533
(7, 90, 114, 192, 130) Bl. Fol. – Das dritt vnd letzt Buch. ‖
Sehr Herr=‖liche Schöne ‖ Tragedi / Comedi vnd ſchimpf
Spil / ‖ Geiſtlich vnd Weltlich / vil ſchöner alter war=
hafftiger ‖ Hiſtori / auch kurtzweiliger geſchicht auff das ‖
deutlichſt an Tag geben. ‖ Welche Spil auch nit allein
gut / nütz=‖lich vnd kurtzweilig zu leſen ſindt / ſonder auch
leichtlich aus diſem ‖ Buch ſpilweis anzurichten / weil es
ſo ordenlich alle Perſon / ‖ gebärden / wort vnd werck /
auſzgeng vnd eingeng aufs ‖ verſtendigſt anzeiget / durch
alle Spil / der vormal ‖ keins im Truck iſt auſzgangen /
noch ‖ geſehen worden. ‖ Durch den ſinreichen vnd weit=
berümbten Hanſen Sachſen ein liebhaber ‖ teutſcher
Poetrey / in diſem ſeinem dritten vnd letzten Buch ‖ mit
fleiſz zuſammen getragen. ‖ Getruckt zu Nürmberg bey
Chriſtoff Heuſzler. ‖ M.D.LXI ‖ 652 (4, 264, 300, 84)
Bl. Fol.; in der Vorrede von HS.: Weil ich aber noch auſz
allen meinen gedichten mir biſzher vorbehalten / den mei=
ſten theil meiner Comedi / Tragedi vnd ſpil / vnd die weder
in das erſt noch ander Buch zu trucken hab wöllen geben /

Sonder mir als einen besondern lieben heimlichen schatz
behalten wöllen/weil ich sie den meisten theil selb hab
agieren vnnd spielen helffen wiewol der auch vil nie an
Tag kommen noch gespielt sindt worden ... hab ich dise
meine lang vorbehaltene Comedi/Tragedi vnd Spil ...
zugestelt dem Erbarn Jörg Willer Truckherrn zu Augs=
purg ... die Faßnacht spiel/mancherley art/mit schimpf=
lichen schwencken gespicket/(doch glimpflich ohn alle vn=
zucht) die schwermütigen hertzen zu freuden ermundern
... solche Comedi oder spil ... welche auch zum theil
vorhin in etlichen Fürstn vnd Reichsstetten/mit freuden
vñ wunder der zuseher/gespilt worden sindt. – Das
vierdt Poetisch Buch. ‖ Mancherley ‖ artliche Newe ‖
Stück/schöner gebundener Reimen/ ‖ in drey vnter=
schidliche Bücher getheylt. ‖ Inhaltent: Tragedi/Comedi/
warhaffte schöne Historien/Geistlich ‖ vnd Weltlich/Item:
Schöne Gesprech/Merckliche Ritterliche Thaten hoher
Per=‖sonen/Gewaltige Kriegsübungen/Victorien vnd
Niderlag grosser Potentaten: Dergleichen auch ‖ kürtz=
weilige Spil vnd Sprüch/Lustred vnd Fabeln/darinnen
gantz höflich das gut vnd löblich/ ‖ auch das arg vnd
schendlich/erkennt wird/nützlich/ohn alle ergerniß zu
lesen. ‖ Durch den wolerfarnen/sinreichen vnd weit=
berümbten Hans Sachssen/für=‖nemsten Teutschen Poe=
ten/mit höchstem fleiß vnd lust/in diß vierdt Buch zu=
sammen ge=‖tragen/Doch alles New/vnd in den vorigen
drey Büchern nicht gedruckt. ‖ Darunter Holzschnitt-
Porträt von Jost Amman, daneben zu beiden Seiten:
Also war ich Hans Sachs gestalt ‖ Gleich ein vnd achtzig
Jare alt/ ‖ Zehen Wochen/darzu fünff Tag ‖ Da ich von
hiñ/schmerzlich mit klag ‖ Durch die allmechtig Gottes
wahl ‖ Ward gfordert auß dem jamerthal ‖ Vnd von den
lieben Engeln bloß ‖ Getragen in Abrahams Schoß. ‖
Leb nun in frid/deß mich vergwist ‖ Mein lieber Heyland
Jesus Christ ‖ Im sechs vnd sibentzigsten Jar ‖ Der

neuntzehende Jenner war. ‖ M.D.LXXVIII. ‖ Mit
Röm͞: Kay: May: Gnad vnd Priuilegio. ‖ Am Schluß:
Gedruckt zu Nürnberg / durch Leon=‖hardt Heußler / In
verlegung Joachim Lochners. ‖ 371 (6, 126, 120, 119)
Bl. Fol. – Das fünfft vnd letzt Buch. ‖ Sehr Herr=‖liche
Schöne ‖ newe stück artlicher / gebundener / künst=‖licher
Reimen / in drey vnterschidliche Bücher verfast. ‖ Be=
greiffend: Den gantzen Psalter desz Königlichen Pro=
pheten Da=‖uids / Das Buch Jesu desz Sons Syrach /
Sprüch vnd Weißheiten König Salomo=‖nis / Derglei=
chen schöne Comedi vnd Tragedi / Warhaffte weltliche
Histori / Wunderbare Geschicht ‖ vnd Thaten / Auch kurtz=
weilige Fastnachtspil / Fabel / seltzam Schwenck / Gesprech
vnd verglei=‖chungen: Darausz glimpff vnd tugend zu
lernen / zorn / gewalt vnd tyranney ‖ zu vermeiden / ange=
zeigt wirdt. ‖ Durch den künstreichen / weitberhümten vnd
wolerfarnen Hansen Sachsen / Lieb=‖haber teutscher Poe=
terey / mit grossem fleisz vnd Poetischer art als sein letztes
Werck / in ‖ disz fünfft Buch zusammen getragen. ‖ Dar-
unter Ammans Holzschnitt wie in Bd. 4, daneben:
Contrafaktur vnd eigentliche gestalt ‖ Hansen Sachsens /
fürnemsten teutschen ‖ Poetens / seines alters ein vnd
achtzig Jar. ‖ M.D.LXXIX Gedruckt zu Nürnberg /
durch Leonhard Heußler. Am Schluß: In Verlegung
Joachim Lochners M.D.LXXIX ‖ 424 (8. 416) Bl. Fol.

Außerdem sind herangezogen die Nachdrucke der
ersten drei Bde. von A in der zweiten = B (1560, 1570,
1577) und dritten Nürnberger Auflage = C (1570,
1591, 1588), weiterhin die fünfbändige Kemptner
Ausgabe = K (1612, 1613, 1614, 1615, 1616); s. die
Bemerkungen zum Verhältnis der Ausgaben unter-
einander in KG. 26, 108 ff.

Die erste textkritische Ausgabe: HS., hrsg. von
A. v. Keller und [ab Bd. 13] E. Goetze. 26 Bde. im
StLV. (1871–1908). Soweit wie möglich nach den

Autographen sind herausgegeben: Sämtliche Fast-
nachtspiele von HS., In chronologischer Ordnung nach
den Originalen hrsg. von E. Goetze, 7 Bde. [der Neu-
drucke dt. Literaturwerke des XVI. u. XVII. Jahrh.s]
1880–1902, von Bd. 1 die 2. Aufl. 1920 (= G.); Sämt-
liche Fabeln und Schwänke von HS., Bde. 1 und 2:
[Die Fabeln und Schwänke in den Spruchgedichten],
hrsg. von E. Goetze 1893/94, Bde. 3–6: Die Fabeln und
Schwänke in den Meistergesängen, hrsg. von E. Goetze
und C. Drescher [ebenfalls in den Neudrucken dt.
Literaturwerke] 1900–1913 (= GD.), 2. Aufl. von Bd. 1,
besorgt von H. L. Markschies (1953). – E. Goetze, Der
gedruckte Text des HS. und die Hilfsmittel zu seiner
Verbesserung: Archiv für Literaturgeschichte 8 (1878)
301–316; K. Drescher, Die Spruchbücher des HS. und
die erste Folioausgabe: HS.-Forschungen, hrsg. von
A. L. Stiefel (1894) 209–252; M. Herrmann, Zur Ge-
schichte des HS.ischen Textes: ebd. S. 410–421;
H. Paetzoldt, HS.ens künstlerische Entwicklung vom
Spruchgedichtbuch zur Folio, Diss. Breslau (1921).

3. Eine neuere wissenschaftliche HS.-Monographie
fehlt, s. aber: Historisch-kritische Lebensbeschreibung
HS.ens, ehemals berühmten Meistersängers zu Nürn-
berg, welche zur Erläuterung der Geschichte der dt.
Reformation und dt. Dichtkunst ans Licht gestellt hat
M. S. Ranisch (1765); Ch. Schweitzer, Un poète alle-
mand au XVIe siècle, Étude sur la vie et les oeuvres
de HS. (1887); E. Goetze, HS.: Allgem. dt. Biographie
30 (1890) 113–127; R. Genée, HS. und seine Zeit, Ein
Lebens- und Kulturbild aus der Zeit der Reformation
(1894), P. Landau, HS. (1924); Ch. Hinker, HS., Ein
geistiger Aufriß seiner Persönlichkeit, Diss. Wien (1939).
– K. Kawerau, HS. und die Reformation (1889); M.
Herrmann, Die Rezeption des Humanismus in Nürn-
berg (1898). – F. Eichler, Das Nachleben des HS. vom

XVI. bis ins XIX. Jahrh. (1904); F. Baberadt, HS. im
Andenken der Nachwelt mit besonderer Berücksichti-
gung des Dramas des 19. Jahrh.s (1906); G. Stuhl-
fauth, Die Bildnisse des HS. vom 16. bis zum Ende des
19. Jahrh.s (1939). — Alle erhaltenen Holzschnitte zu
HS. bei M. Geisberg, HS., Des Dichters 107 originale
Holzschnittbilderbogen. 200 Faksimile-Wiedergaben,
4 Bde. (1928).

4. Zum FS. s. K. Holl, Fastnachtspiel: Reallexikon
der dt. Lit. Geschichte, hrsg. von P. Merker und W.
Stammler 1 (1925/26), 356–358. – K. Holl, Geschichte
des dt. Lustspiels (1923); H. H. Borcherdt, Das euro-
päische Theater im Mittelalter und in der Renaissance
(1935). – M. J. Rudwin, The Origin of the German
Carnival Comedy (1920); O. Höfler, Kultische Geheim-
bünde der Germanen, 2 Bde. (1936); R. Stumpfl, Der
Ursprung des FS.s und die kultischen Männerbünde
der Germanen: Zs. f. Deutschkunde 48 (1934), 286 –
297; ders., Kultspiele der Germanen als Ursprung des
mittelalterlichen Dramas (1936); H. Brinkmann, Die
Eigenform des mittelalterlichen Dramas in Deutsch-
land: Germ. Rom. Monatsschrift 18 (1930), 16–31,
81–98 [Hypothese der Abspaltung des FS.es aus dem
geistl. Drama des Mittelalters]; H. Kindermann,
Grundfragen des komischen Theaters: Meister der
Komödie (1952), 9–59. – Literaturbericht zum FS. und
HS. von H. Oppel in: Euphorion 39 (1938), 238–247;
L. Lier, Studien zur Geschichte des Theaterwesens in
Nürnberg: Mitteilungen des Vereins für Geschichte der
Stadt Nürnberg 8 (1889), 87–160; Th. Hampe, Die Ent-
wicklung des Theaterwesens in Nürnberg (1926); H.
Cattanès, Les FS.e de HS.: Smith College Studies in
Modern Languages 4 (1923), 2/3; H. Kindermann, HS.
und die Fastnachtspielwelt: Meister der Komödie
(1952), 111–121. – G. Duflou, HS. als Moralist in seinen

FS.en: Zs. f. dt. Philologie 25 (1893), 343–356; W.
French, Mediaevel civilisation, illustrated by the FS.e
of HS. (1925); J. Münch, Die sozialen Anschauungen
des HS. in seinen FS.en, Diss. Erlangen (1935); –
N. K. Johansen, Den dramatiske Teknik i HS'. Fastel-
avnsspil (1937). – M. Herrmann, Forschungen zur dt.
Theatergeschichte des Mittelalters und der Renaissance
(1914); – A. Köster, Die Meistersingerbühne des 16.
Jahrh.s (1920); J. Pelzer, Die Fastnachtspielbühne des
HS., Diss. Freiburg (1922); M. Herrmann, Die Bühne
des HS. (1923); G. F. Lussky, The structure of HS'.
FS.e in relation to their place of performance: Journal
of English and Germanic Philology 26 (1927), 521–563;
G. Witkowski, Hat es eine Nürnberger Meistersinger-
bühne gegeben ?: Dt. Vierteljahrsschrift für Lit. Wiss.
u. Geistesgesch. 11 (1933), 251–261.

5. Lit. zu den literarischen Quellen der FS.e ist zu
jedem FS. angegeben; s. bes. A. L. Stiefel, Über die
Quellen der HS.ischen Dramen: Vierteljahrsschrift f.
dt. Altertumskunde NR. 24 (1891), 1–60 (= Stiefel 1)
und ebd. 25 (1892), 203–230 (= Stiefel 2); E. Geiger,
HS. als Dichter in seinen FS.en im Verhältnis zu seinen
Quellen betrachtet (1904); KG. 26, 151–379; ebd. S. 152
bis 156 das Verzeichnis der Bibliothek des HS. (= Bibl.
HS.) aus dem Jahre 1562; einen vorläufigen Überblick
über die von HS. benutzten Quellen gibt H. Wolf,
Studie über die Natur bei HS., Diss. Heidelberg (1937),
111–115. – Um weiterführender Literaturangaben wil-
len sind abgekürzt zitiert: K. Goedeke, Grundriß zur
Geschichte der dt. Dichtung, 2. Aufl., Bd. 1, 1884, Bd. 2,
1886 (= Goed.); P. Heitz und F. Ritter, Versuch einer
Zusammenstellung der dt. Volksbücher des 15. und
16. Jahrh.s nebst deren späteren Ausgaben und Litera-
tur, 1924 (= Heitz/Ritter); Gesamtkatalog der Wie-
gendrucke, hrsg. von der Kommission für den Gesamt-

katalog der Wiegendrucke, 1925 ff. (= GW.); K. Schot-
tenloher, Bibliographie zur dt. Geschichte im Zeitalter
der Glaubensspaltung, 6 Bde. 1932–1940 (= Schotten-
loher); G. Ehrismann, Geschichte der deutschen Litera-
tur bis zum Ausgang des Mittelalters 2, 2, 2, 1935
(= Ehrism.); Die deutsche Literatur des Mittelalters,
Verfasserlexikon, hrsg. von W. Stammler und K.
Langosch, 5 Bde. 1933–1950 (= VL.); W. Stammler,
Von der Mystik zum Barock, 2. Aufl., 1950 (= Stamm-
ler).

6. Lit. zur Sprache und Metrik bei Stammler 591 f.;
s. bes. E. Goetze, Frühneuhochdeutsches Glossar,
5. Aufl. (1956). – C. Frommann, Versuch einer gramma-
tischen Darstellung der Sprache des HS., I. Teil. Zur
Lautlehre: Nürnberger Schulprogramm (1878); J. Al-
brecht, Ausgewählte Kapitel einer HS.-Grammatik,
Diss. Freiburg (1896); G. Johnson, Der Lautstand in
der Folioausgabe von HS'. Werken, 1. Der Vokalismus,
Diss. Uppsala (1941). – E. Zahlten, Sprichwort und
Redensarten in den FS.en des HS., Diss. Hamburg
(1921); F. K. Heinemann, Das Scheltwort bei HS.,
Diss. Giessen (1927); H. H. Russland, Das Fremdwort
bei HS., Diss. Greifswald (1933). – W. Sommer, Die
Metrik des HS., (1882), dazu R. Bechstein: Viertel-
jahrsschrift f. dt. Altertumskunde 28 (1883), 375 ff.,
E. Goetze: Archiv f. Lit. Gesch. 12 (1884), 304 ff.; V.
Flohr, Geschichte des Knittelverses (1893); K. Helm,
Zur Rhythmik der kurzen Reimpaare des 16. Jahrh.s,
Diss. Heidelberg (1895); Chr. A. Mayer, Die Rhythmik
des HS.: Paul und Braunes Beiträge 28 (1903), 456 –
496; L. Pfannmüller, Zur Auffassung des HS.-Verses:
ebd. 43 (1918), 47–55; A. Schirokauer, Zur Metrik des
HS.-Verses: ebd. 50 (1925), 296 f.; K. Drescher: M.
Koch-Festschrift (1926), 161 ff.; M. Herrmann, Stich-
reim und Dreireim bei HS. und anderen Dramatikern

des 15. und 16. Jahrhunderts: HS.-Forschungen, hrsg. von A. L. Stiefel (1894), 407–471.

Fastnachtspielregister

Das Register der Fastnachtspiele (= FSR.) steht auf Bl. 78 des Generalregisters sämtlicher Werke, das HS. anlegte, auf das man nach meinem dot auch sech das ich nit müessig gangen sey weil meine puecher etwas in manche hant möchten zerstrewt vnd verzogen werden. Zum Verständnis erklärt HS.: vnd also ist zu mercken / im anfang ist das puech [der jeweilige Bd. der Spruch-gedichtbücher] mit seiner zal verzaichnet wo man ain ides stueck zw finden ist vnd / die hinter zal zaig[t] die zal der reimen in dem gedicht. Vor der letzten Zahl ist die Zahl der handelnden Personen angegeben; hinzugefügt ist die lfd. Numerierung der Spiele gemäß Goetzes Fastnachtspiel-Ausgabe.

	puech		person	vers
1.	1	Von der liebe streit	4	372
2.		Frau venus hoffgesind	13	216
3.	2	Reichtüm wider armuet	3	364
4.		Das pos weib mit	5	476
5.	3	Pueler spieler vnd drincker	4	494
6.		Der vngeraten sün	3	362
7.		Der milt vnd karg	3	506
8.		Der füerwiz mit dem Eckhart	3	422
9.		Die sechs armen klagenden	6	266
10.		Die rocken stüeben	5	216
11.		Das narren schneiden	3	380
12.	4	Das pachen holn im deutschen hoff	3	384
13.		Die fünf elenden wandrer	6	326
14.		Der heuchler vnd war freund	3	390
15.		Der dolpen Friz	3	324

2 Deutsche Texte 6

Druckvorlagen und Quellen

Der Neudruck folgt bei den Fastnachtspielen FSR.
2, 31, 41, 51, 52, 56 der ersten Folioausgabe A, bei FSR.
71, 75, 83 den handschriftlichen Spruchgedichtbüchern.
– Zeichensetzung und Breviaturen sind nicht moderni-
siert bzw. aufgelöst; bei den nach den Autographen
gedruckten Spielen ist auch das dem griechischen spiri-
tus asper ähnliche Zeichen gesetzt, das HS. zur Be-
zeichnung des Umlauts bei ậ, ỏ, ụ und daneben bei ů
rein diakritisch gebraucht. Neben Lesarten aus B, C
und K sind Besserungsvorschläge aus der Goetzeschen
Fastnachtspielausgabe (= G.) übernommen. – Auf-
lösung der Breviaturen: ẽ = en oder em, m̄ = mm oder
mb, n̄ = nn oder bei v̄n nb, dʒ = daʒ, ein‾ über einem
Vokal steht für nachfolgendes n, z.B. v̄ō = von, sel-
tener für m, z.B. drū̄b = drumb, ꙅ, = spricht; s. die
„Orthographischen Vorbemerkungen" in: G. Johnson,
Der Lautstand in der Folioausgabe von HS. Werken,
Diss. Uppsala (1941), 1–6.

Das Hoffgesindt Veneris

S. 41–50; FSR. 2; 21. 2. 1517. – Druckvorlage:
A 3,3,1ª–3ᵇ = KG. 14,3–11 und G. 1,13–21. – Les-
arten: V. 8 weng CK, wenig A; V. 13 grawen BC, groben
A; V. 19 Wann G., Wenn AC, Dann K; V. 29 Francken=
landt C, Franckelandt AB; V. 51 zeuchst AK, zeichst C;
V. 55 der lieb BC, der fehlt A; V. 57 woluſt iſt B, iſt
fehlt A; V. 57 bûcher B, bucher A; V. 59 O fleuch C,
O fehlt A; V. 60 nit kumb B, kumb nit A; V. 71 fleuch
fleuch CK, fleuch A; V. 75 meinen BC, meinem A; V. 80
Bawer CK, Bawr A; V. 105 Würffel B, Wurffel A;
V. 115 Venuſin B, Veneſin A; V. 143 Frewelein CK,

Frewlein A; V. 155 beim CK, dem A; V. 168 ewer KG.,
ewr A; V. 169 meim B, mein A; vor V. 197 jn B, jm A;
V. 214 Nůrenberg KG., Nürnberg AOK.

Quellen: Hermann von Sachsenheim (1363/65–1458):
Die Mörin ‖ Ein schon kürtzweilig le=‖sen welches durch
weiland Herr herman von ‖ Sachszenheim Ritter (Eins
obentürlichen handels halb/so im in seiner iugend ‖ be=
gegnet) lieplich gedicht vnd hernach/die Mörin genempt
ist/Allen denen so si‖ch der Ritterschaft gebruchen/auch
zarter frewelein diener gern sein wöllen nit ‖ allein zů
lesen kürtzweilig/sunder auch zů getrewer warnung er=
schieszlich. ‖ Bl. 58a: Hie endet sich das hofflich büchlin
die Morin ‖ genant. Getruckt von Johannes Grüninger
in der loblichen freie stat ‖ Straszburg/vnnd vollendet
vff sant Kathereinenn abent inn ‖ dem jar vō geburt
Cristi Tausent fünffhundert vii. ‖ 58 Bl. Fol., Bibl. HS.,
= StLV. 137 (1878) hrsg. von E. Martin. s. Stiefel 1,3
und 2,204. Goed. 1,394, Ehrism. 456–458, VL. 5,377–386.
– Im inhaltlich verwandten Spiel Die Gouchmat von
Pamphilus Gengenbach († 1524) sieht C. Drescher,
Studien zu HS. (1891), 31 ff., eine direkte Vorlage,
während Stiefel a.a.O. eine unbekannte gemeinsame
Quelle für Gengenbach und HS. ansetzt; s. auch L. Lier,
Studien zur Geschichte des Nürnberger Fastnacht-
spiels: Mittlgn. d. Vereins f. Gesch. d. Stadt Nürnberg
8 (1889), 129–131, – Disz ist die gouch=‖mat so [1516]
gespilt ist worden durch etli=‖che geschickt Burger einer
loblichen ‖ stat Basel. Wider den Eebruch vnd ‖ die sünd
der vnküscheit. ‖Pamphilus Gengenbach.‖[Basel 1516/17],
20 Bl. 4⁰ = S. 117–152 in: Pamphilus Gengenbach,
hrsg. von K. Goedeke (1856); s. ebd. S. 503–505 und
615–618, Goed. 2,146, Stammler 294 und 299. – Zu
vergleichen sind auch das Spil von Narren . . . die in jr
pulschaft sein ertrunken und Ain Vasnachtspil von denen
die sich die weiber nerren lassen in: Fastnachtspiele aus

2*

dem 15. Jahrh., hrsg. von A. v. Keller im StLV. 28
(1853), 258–263 und 283–287.

Der halb Freundt

S. 51–68; FSR. 31; 28. 9. 1551. – Druckvorlage:
A 2,2,39ᵈ–43ᵇ = KG. 7,154–168 und G. 3,55–69. –
Lesarten: vor V. 12 Lucius der Jüngling C, Lucius A;
V. 19 fünbt C, fónt K, fonbt A; V. 50 Schuldthuren
G., Schuldthurn ACK; V. 56 in C, im AK; V. 55 Thuren
G., Thurn A; V. 64 allen G., alln ACK; V. 133 helffn G.
helffen ACK; V. 137 wol CK, fehlt A; V. 155 lauffn G.,
lauffen ACK; V. 186 du CK, zu A; V. 237 Itz merck ich
G., Ich merck C, Itz A; V. 238 du in C, du mich in A;
V. 248 Ey hör ein C, Ey Herr ein AK; V. 279 zu C, zum
A; V. 288 morgn C, morgen A; V. 289 zwischn G., zwi=
schen ACK; V. 294 schmeichlerey C, schmeilerey A; V. 298
erfrewt C, erfrewet A; V. 299 geleich C, gleich A; V. 300
abnbt G., abenbt AC; V. 302 meinen G, mein AC; V. 338
geren C, gern A; V. 341 all C, alle A; V. 372 wegn G.,
wegen AC; V. 378 hinterruck C, hinteruck A.; V. 29 halt
C, fehlt AK.

Quellen: Der im Mg. Der halb freunt (10. 5. 1540) =
Dichtungen des HS., Bd. 1, hrsg. von K. Goedeke
(1870), 249–251, genannte Adelphonſus ist Petrus Al-
fonsi, dessen vor 1106 aus orientalischen Quellen ge-
schöpfte Freundesprobe in der Disciplina clericalis
2,7–10 Heinrich Steinhöwel (1412–1482) im Anhang
seines Aesop (Bibl. HS.) lat. und dt. mitteilt: Vita
Eſopi fabulatoris clariſſimi e greco latina per ‖ Rimi=
cium facta ad reuerendiſſimum patrem dñm ‖ Antho=
nium tituli ſancti Chryſogoni presbiterum ‖ Cardinalem ‖
[Antonio Cerdano, † 1459] [D]Als leben des hochberüm=
ten fabel=‖dichters Eſopi / vſz kriechiſcher ‖ zungen / in latin /
durch Riminicū ‖ gemachet ... vnd fürbas das ſelb ‖

leben Eſopi miꞇ ſeynen fabeln/die etwan romuluꝰ ‖ von
athenis ſynem ſun Thiberino vſz kriechiſcher ‖ zungen in
latin gebracht/hatt geſendet/vnd mer ‖ ettlich der fabel
Auiani/āch doligami Adelfonſy ‖ vnd ſchimpfreden
poggy vnd andrer/ietliche mit ‖ ierē titel ob verzaichnet/
vſz latin/von doctore hain‖rico ſtainhöwel ſchlecht vn̄
verſtentlich getütſchet ‖ ... Bl. 278b: Geendet ſäliglich
von Johanne Zeiner zů vlm ‖ [um 1476/77], 288 Bl. Fol.,
darin Bl. 229b–232b: Adelfonſuꝰ manet die menſchen
zů weiſzheit vnd rechter freuntſchafft = StLV. 117
(1873), hrsg. von H. Österley, S. 294–301; Faksimile-
druck der Ausgabe 1477/78 in: Die Inkunabeln in
ihren Hauptwerken, hrsg. von E. Voulliéme 2 (1921);
bei Goed. 1,369f. 23 Drucke bis 1676, im GW. 351–366
17 Drucke von 1476/77–1500; s. Ehrism. 664f., Stamm-
ler 39–42; Werkverzeichnis Äsop/HS. in KG. 26,
168–171. – In der Bibl. HS. außerdem der Cammer-
landersche Druck der dt. Gesta Romanorum von 1538
(s. S. 31), darin Bl. 28a–29a: Von des künigs ſun der
die drei freund verſůchte, vgl. S. 93f. in: Gesta Roma-
norum, das ist der Römer Tat, hrsg. [nach einem Codex
des 14./15. Jahrh.s] von A. Keller: Bibl. d. dt. Nat.
Lit. 23 (1841). – Übertragungen und Bearbeitungen der
„Freundesprobe" in der spanischen, französischen, deut-
schen, niederländischen, englischen und tschechischen
Literatur bei K. Goedeke, Everyman, Homulus und
Hekastus, Ein Beitrag zur internationalen Literatur-
geschichte (1865), und in der Nachweisung 129 in:
Gesta Romanorum, hrsg. von H. Österley (1872), 733. –
Nach Stiefel 1,19 ist dazu von Einfluß gewesen: Plut⸗
archi von ‖ Cheronea ‖ gůter Sitten einvnd‖zwentzig
Bücher. Durch D. Michael Herr/der ‖ Artzney vnnd
Freyer Künſten ‖ lyebhaber newlich ‖ verteütſcht. ‖ Mit
Keyſzerlicher Maieſtät ‖ Freyheit vff fünff jar. ‖ Zů
Straſſzburg bey ‖ Hans Schotten. ‖ M.D.xxxv. ‖ 8 u·

299 SS., Fol., Bibl. HS., darin S. 76–115: Plutarchi von
Cheronea Fünfft Büch. Wie du ein Heüchler vor eim
Freünd erkennen mögest, vgl. Plutarchi Cheronensis
Moralia, ed. G.N. Bernardis (1888), 118–180; s. W.
Abele, Die antiken Quellen des HS., I. Teil: Programm
Cannstatt (1897), 28ff., Goed. 2,320, Schottenloher
8298f.

Der gestolen Pachen

S. 68–83; FSR. 41; 6. 12. 1552. – Druckvorlage:
A 3,3,56ᵃ–59ᵇ = KG. 14, 220–232 u. G. 4,36–48. – Les-
arten: V. 7 all G., fehlt ACK; V. 15 gar G., fehlt ACK;
V. 17 helffn G., helffen ACK; V. 35 abr G., aber ACK;
V. 54 Wenn K, Wann AC; V. 61 man da anzündt A, da
fehlt CK; V. 73 ersparet CK, erspart A; V. 93 holtz=
schlegl G., holtzschlegel ACK; nach V. 93 Hermon A; vor
V. 109 genh A; V. 110 worden G.; wordn ACK; V. 126
aberweisz K, abweysz AC; V. 140 schlagn BCK, schlagen
A; V. 146 herr CK, fehlt A; V. 148 bachn CK, bach A;
V. 154 abr CK, aber A; V. 165 u. 227 zehn G., zehen
ACK; V. 169 Wem BCK, Wenn A; V. 182 batzen nach
ewrm G., batzn nach ewr A; vor V. 184 Ser A; V. 188
Calculirn BCK, Calcalirn A; V. 211 bachn G., bachen
ACK; V. 230 sein CK, seim A; V. 235 ichs BC; ich A,
ich hab euchs K; V. 237 Odr G., Oder ACK; V. 260
geleich G., gleich ACK; V. 263 Böszewicht G., Böszwicht
ACK; V. 266 zeichts A; V. 267 tregst K, tregt AC; V. 294
martr G., marter ACK; V. 329 genewst CK, gnewst A.

Quelle: Boccaccio, Decameron (VIII, 6), in der Über-
setzung des „Arigo", das ist mit großer Wahrschein-
lichkeit Heinrich Schlüsselfelder, nicht Heinrich Stein-
höwel; da HS. den Stoff für sein erstes Spruchgedicht,
Der ermört Lorenz ‖ In cento novella ich lasz (7. 4. 1515)
daraus entnahm, hat er eine der beiden ersten Auflagen
(GW. 4451f.: Ulm um 1473, Augsburg 1490) gekannt,

nicht erst den auch sprachlich geglätteten Cammer-
landerschen Druck von 1535, wie Stammler 36 anzu-
nehmen scheint, – Hie hebt ſich an das püch vō ‖ ſeinem
meiſter In greckiſch ‖ genant decameron/das iſt cen ‖ to
nouelle in welſch Vn̄ hun ‖ dert hiſtori oder neüe fabel
in ‖ teutſche/Die der hoch gelerte ‖ poete Johannes
boccacio ʒe li ‖ ebe vnd früntſchafft ſchreibet ‖ dem fürſten
vnnd principe gale ‖ otto. Die in ʒechen tagen von ſyben
edlen frawen vn̄ dreyen ‖ iügen man̄en ʒů einer tötlichē
peſtilencʒiſchen ʒeiten geſaget worden/ . . . Am Schluß:
geendet ſeliglichen ʒů Vlm ‖, Johann Zainer, um 1473,
11 u. 390 Bl. Fol., darin Bl. 282[a]: Wie bruno buffel=
macho calandrino eynen ſchweinen pachen ſtelen vnd im
ʒe verſteen geben den mit wernacʒa wein vnd galli von
grünem ingewer gemachet mit huncʒkot vnd aloe ge=
miſchet mit cʒucker überʒogen im ʒe eſſen gaben/durch
diſe dinge in überweiſē das er im ſelbs den ſchweinen
pachen müſʒt geſtolen haben vnnd eyn andern pachenn
kauffen müſʒt/wolt er nicht das ſy es ſeinem weib ſageten
vnnd er von ir nicht geſchlagen ſein. = Dekameron von
Heinrich Steinhöwel, hrsg. von A. v. Keller: StLV. 51
(1860), 489–494; von HS. bearbeitet auch im Mg. Ein
karger pawer het ein sew geſtochen (19. 1. 1541) = GD.
4,174–176; nach J. Hartmann, Das Verhältnis von HS.
zur sog. Steinhöwelschen Decameronübersetzung: Acta
Germanica 2 (1912), 14, Quelle auch für Johann Pauli,
Schimpf und Ernst (1522, s. S. 37 f.), Nr. 679, hrsg. von
J. Bolte: Alte Erzähler 1 (1924), 379, Hans Wilhelm
Kirchhof, Wendunmuth I, 181 (1563; s. Goed. 2,470 f.,
Heitz/Ritter 205 ff., Stammler 440), hrsg. von
H. Oesterley: StLV. 95 (1869), 220–222, und für die
Erzählung auf Bl. 70[a] im Schwankbuch ,,Schertz mit
der Wahrheit" (1550, s. Goed. 2,465, Heitz/Ritter 154).
– s. F. W. v. Schmidt, Über den Decameron des
Boccaccio, Untersuchungen über das Geschichtliche

24

darin, über Quellen und Nachahmungen, besonders in Beziehung auf Dante, HS. und das altenglische Theater: Beiträge zur Geschichte der romantischen Poesie (1818), 1–116; M. J. Parmentier, HS. entre Boccacce et Moliére: Bulletin mensuel de la Faculté des lettres de Poitiers 2 (1884), 91 –101, F. Neumann, HS.ens FS. von dem gestohlenen pachen = Boccaccio VIII, 6: Zs. f. vgl. Lit. Gesch. NF. 1 (1887), 161–164, A. Mac Mechan, The Relation of HS. to the Decameron, Diss. Halifax (1889), Stiefel 1,24–26, A. Wünsche u. M. Landau, Zu HS.ens Quellen: Zs. f. vgl. Lit. Gesch. NF. 10 (1896), 281–287; F. N. Jones, Boccaccio and his imitators in German, English, French, Spanish and Italian literatures (1909); in KG. 26, 173–176 Werkverzeichnis Decameron/HS.; Goed. 1,368f., Ehrism. 665f., Stammler 37f.

Eulenspiegel mit den blinden

S. 83 – 102; FSR. 51; 4. 9. 1553. – Druckvorlage: A 3,3,73ᵇ–77ᵇ = KG. 14,288–303 und G. 5,1–15. – Lesarten: In der Überschrift 9 G., 6 ACK; V. 28 müffn CK, müffen A; V. 36 falln T., fallen ACK; V. 37 peinign BCK, peinig A; V. 60 warn BCK, waren A; V. 65 werdn T., werden ACK; V. 68 wirn CK, wir A; V. 77 zapffn T., zapffen ACK; V. 79 kegl T., kegel ACK; V. 80 kumn T., kummen ACK; V. 88 kumbt CK, kumb A; vor V. 89 Lübl BCK, Lienbl A; V. 96 effn B, effen ACK; V. 97 anstechn T., anstechen ACK; V. 103 offn T., offen ACK; V. 121 stofen t Pawren Heufer G., stofenbt Pawrenbt Heufer A, Bawren d.Heufer B., V. 122 felbn T., felben ACK; V. 125 brübr/jr brübr CK, brübr/brüber A; V. 126 wölln ... vnd CK, wöllen ... vnbe A; V. 128 habn T., haben ACK; V. 132 ftelen G., fteln A; V. 143 Pawren T., Pawrn ACK; V. 144 mir T., fehlt in ACK, K hat zur Versfüllung bockenmeufer; V. 161 nit CK,

fehlt A; V. 165 jn G., jm ACK; V. 172 liechten BK,
liechtem A; V. 173 blindn T., blinden ACK; V. 189 Obr
T., Ober ACK; V. 195 einem T., ein ACK; V. 197 Hör
G., Herr ACK; V. 246 Fewer G., Fewr A; V. 252 an=
gnummen G., angenummen ACK; blindn CK; V. 263
sprichworts G., sprichwors A; V. 269 helffn T., helffen
ACK; V. 279 schawn CK, schawen A; V. 288 solchs CK,
sollichs A; V. 293 habn C, haben AK; V. 296 schenckn T.,
schencken ACK; V. 299 vnde T., vnd ACK; V. 301 ru=
moren T., rumorn ACK; V. 321 verhiest BCK; ver=
heyst A; V. 328 laufft BK, lauffts AC; V. 333 winnig T.,
wenig ACK; V. 334 Bfessen T., Befessen ACK; V. 337
blindn T., blinden ACK; V. 345 heiloffn T., heiloffen
ACK; V. 346 gfegnet T., gefeget AC, gefegnet K; V. 350
thetn CK, theten A; V. 382 gehn K, gehen AC; V. 383
Thalr T., Thaler ACK; V. 387 hartselig T., hartsieg
ACK; nach V. 403 Dolhoff G, Dolhopff A. Die auch
von G. übernommenen Besserungen T. = Dichtungen
des HS., hrsg. von J. Tittmann 3 (1871), 156–172.

Quellen: Das Volksbuch vom Eulenspiegel, um 1483
in Braunschweig entstanden, aber erst im hd. Straß-
burger Druck (1515) erhalten, der als Faksimile von
Edw. Schröder (1911) und im Neudruck von H. Knust
(1884) hrsg. ist; zu den weiteren dt. Drucken und Über-
etzungen s. Dr. Thomas Murners Ulenspiegel, hrsg.
[nach der Ausgabe von 1519] von J. M. Lappenberg
(1854), 147–220, Knust o. a., S. I–XXIII, Goed. 1,344ff.,
Heitz/Ritter 26–35, VL. 4,555–570, Ehrism. 520f.,
Stammler 282f., in der Ausgabe von 1537 die Titel-
bemerkung: aufz sachsischer Sprach vff gut Teutsch ver=
dolmetscht. In der Bibl. HS. nach J. Bolte in R. Köh-
lers Kl. Schriften 3 (1900), 22 und K G. 26,179 die Erfurter
Ausgabe von 1532, während R. Brie, Eulenspiegel und
HS.: Festschrift d. german. Vereins Breslau (1902),
204–211, einen der Erfurter Ausgabe sehr nahe kom-

menden Druck vermutet. Von Vlenspiegel eins bau=‖ren
son des lands Braunschweick/wie‖ er sein leben vol=
bracht hat/gar mit ‖ seltzamen sachen. ‖ Am Schluß:
Gedruckt zu Erffurdt durch Melcher ‖ Sachssen in ‖ der
Arche Noe. M.D.xxxij. ‖ 84 Bl. 4º, s. die Vorrede zur
Ausgabe bei Lappenberg o. a. S. 162f. Der dem FS.
wie auch dem Mg. Eulenspiegel mit dem 12 plinden
(26. 6. 1547) = GD. 4,176–178 zugrunde liegende
Schwank nach der Ausgabe 1515 bei Knust o. a. S.
111–114: Die .LXXI histori sagt wie vlenspiegel .xii
blinden gab .xii guldin als sie meinten/dasz sie fry vff
zerten/vnd vff das letzt gantz vbel bestunden. – Aus dem
Eulenspiegel schöpft auch der von HS. viel benutzte
Pauli (s. S. 37) seine 646. Geschichte: Zwölf Blinden
verzarten zwölf Guldin = Schimpf und Ernst von Jo-
hannes Pauli, hrsg. von H. Oesterley: StLV. 85 (1866),
355f., hrsg. von I. Bolte: Alte Erzähler 1 (1924), 358f. –
Als dritte Quelle für HS. vermutet Stiefel 1,32 eine
verlorene dt. Bearbeitung eines Fabliau des Trouvère
Cortebarbe: Des trois Avugles de Compiegne = Fabliaux
ou Contes, Fables et Romans du XIIᵉ et du XIIᵉ siècle,
ed. Legrand d'Aussy 3 (1829) Anhang S. 5–9. – Weitere
Bearbeitungen des Schwankes von den gefoppten Blin-
den führen an: Legrand d'Aussy o. a. S. 58–61, Lappen-
berg o. a. S. 270ff., Oesterley o. a. S. 545f., J. Bolte in:
Alte Erzähler 2 (1924), 396, J. Bédier, Les Fabliaus,
4. Aufl. (1925), 447f.

Wie Gott der Herr Adam vnnd Eua jhre Kinder segnet

S. 103–119; FSR. 52; 23. 9. 1553. – Druckvorlage:
A 3,1,243ᵃ–246ᵇ = KG. 11,386–399 und G. 5,16–29. –
Lesarten: V. 17 dauß G., das AC, dasz K; V. 20 meines
Angsichts G., dem Angsicht meins ACK; V. 22 auft thür
G., auff dir ACK; V. 26 essen hardtselig brodt G., essen

das hardtselig brodt ACK; V. 27 fronen G., frommen
ACK; V. 42 vnser G., vnsere ACK; V. 49 bgnaden G.,
begnaden ACK; V. 50 butzn G., butzen ACK; nach V. 68
Sie geht ab G., Sie gehen alle ab ACK; V. 80 und 79 mit
G. umgestellt; V. 79 Der vns . . . löst G., Vns . . .
erlöst ACK; V. 82 Kindelein G., Kinderlein CK, Kindt-
lein A; V. 92 fürst K, fürest AC; V. 101 jm K, jn AC;
V. 108 hinterm CK; hintern A; vor V. 124 Set der gröst
Son/.s. G., Set der gröst Son kumbt/.s. ACK; V. 126
dus G., das ACK; V. 146 güte K, güt AC; V. 159 zer-
trettn G., zertretten ACK; V. 168 dir K, fehlt AC; vor
V. 169 Der Herr spricht CK, fehlt A; V. 175 bfonder K,
befünder AC; V. 179 lebn CK, Leben A; V. 187 werdn
G., werden ACK; V. 189 vnde G., vnd ACK; V. 211
glaubet CK, glaubetu A; V. 212 ewer G., ewr ACK;
V. 240 noch G., fehlt A, halt jn CK; V. 244 vnseren G.,
vnfern ACK; V. 250 verzeuch C, verzeich A; V. 255 ver-
ziehn G., verziehen ACK; V. 264 gehen CK, gehn A;
V. 304 neren K, nern AC; V. 311 Solt CK, Sol A;
zu K, fehlt A; V. 316 vnde CK, vnd A; V. 317 auft G.,
auff A, auff dwaid CK; V. 323 vnde G., vnd ACK;
V. 332 du gestrichen mit CK; theilst du A; segn G.,
segen ACK; V. 341 ansihe CK, ansihet A; V. 343 eim
CK, ein A; V. 346 Welte CK; Welt A; V. 353 bawn G.,
bawen ACK; V. 365 Erstn abr lebn G., Ersten aber leben
ACK; V. 369 habn G., haben ACK; V. 371 sanffte CK,
sanfft A; V. 373 daran CK, dran A; V. 377 Köng G.,
König ACK; V. 384 Des G., Das ACK; V. 390 die weil
G., dieweil ACK; V. 405 vertraw CK, vertrawe A.

Quellen: Zunächst Johann Agricola (1492–1566):
Drey hundert ‖ Gemeyner Sprichworter/ ‖ der wir Deut-
schen vns ge=‖brauchen/vnd doch nicht ‖ wissen woher sie
kommen/ ‖ durch D. Johañ. Agrico‖lam von Jßzleben/
an den durchleuchtigen/hochge=‖bornen Fursten vnd Her‖
ren/Herrn Johañ. Frid‖reich/hertzogen zu Sachssen rc.

geſchriben / erklert / vnd eygentlich aufzgelegt. ‖ Am
Schluß: Gedruckt zu Hagenaw durch ‖ Johannem Setze=
rium / ym jar nach ‖ der gepurt Chriſti / M.D. vnd xrix. ‖
12 u. 184 Bl. 4⁰, darin zu Do Abam reutte / vnd Eua
ſpan / wer was do ein edbelman [160ᵃ] nach längerer
theologischer Einführung auf Bl. 163ᵇ–164ᵇ die Legende
von den ungleichen Kindern Evae = S. 197f. und
J. Grimm, Die ungleichen Kinder Evas: Zs. f. dt. Alter-
tum 2 (1842), 262, K. Goedeke, Schwänke des 16.
Jahrh.s (1879), 24; s. Goed. 2,6f., Schottenloher 121 ff.,
Stammler 363 f., Werkverzeichnis Agricola / HS. in
KG. 26,168. – Außerdem: Erasmus Alberus (um 1500
– 1553): Von der Schlangen ‖ Verfürung / vnd Gnade
Chriſti ‖ vnſers Heilands / Ein geſprech ‖ zwiſchen Gott /
Adam / Eua / ‖ Abel / Cain. ‖ Erasmus Alberus ‖ [Wap-
pen] ‖ Gedruckt zu Berlin / M.D.xlj. ‖ Am Schluß: Ge=
druckt zu Berlin durch Hans weiſſen. ‖ 44 Bl., 8⁰ =
E. Matthias, Erasmus Alberus Gespräch von der Schlan-
gen Verführung (Die ungleichen Kinder Evae): Zs. f.
dt. Philologie 21) (1889, 435–463; s. Goed. 2,443f.
Schottenloher 201ff. Stammler 223ff. – Alber wurde
durch einen von Melanchthon (1497–1560) am 23. 3.
1539 an den Grafen von Wied gerichteten und gleich-
zeitig gedruckten lat. Brief angeregt, der HS. bekannt
war durch eine dt. Übertragung in der Vorrede zu:
De Rebus Memorandis. ‖ Gedenckbůch ‖ Aller der Hand=
lungen / die ſich fürtref=‖fenlich vonn anbeginb der Welt
wunderbarlich begeben vnd zů ‖ getragen haben / wirdig
vnd werdt dafz ſie inn ewig zeyt nyṁermer inn ver= ‖ geſz
geſtellt / Dergleichen iṁ Teütſch vor nye geſehenn / gehört
noch geredt iſt ‖ worden / Des Hochgelerten herrṅ / Ora=
toren vṅ Poeten / Francisci Petrarche / ‖ Gantz new /
luſtig / lieblich / allen Stånden vnd menſchen hoch nutzlich
vnnd ‖ noth zů wiſſen / An den tag gebracht vnnd Ver=
teütſchet / Durch ‖ Magistrum Stephanum Vigilium Pa-

cimontanum. ‖ 𝔊𝔢𝔡𝔯𝔲𝔠𝔨𝔱 𝔷𝔲̂ 𝔄𝔲𝔤𝔰𝔭𝔲𝔯𝔤 / 𝔟𝔢𝔶 𝔥𝔞𝔦𝔫𝔯𝔦𝔠𝔥 𝔖𝔱𝔞𝔶𝔰
𝔫𝔢𝔯 /M.D.XXXI. ‖ 8 u. 96 Bl. Fol., Bibl. HS.,
darin Bl. 2ᵇ–3ᵇ die Melanchthon-Übertragung =
S. 198–202; s. Goed. 2,126. – Während HS. im FS.
wie im Mg. 𝔇𝔦𝔢 𝔳𝔫𝔤𝔩𝔢𝔦𝔠𝔥𝔢𝔫 𝔎𝔦𝔫𝔡𝔢𝔯 𝔈𝔳𝔢 (25. 8. 1547) =
S. 188ff., GD. 4,243f. und im Schwank 𝔇𝔦𝔢 𝔳𝔫𝔤𝔩𝔢𝔦𝔠𝔥𝔢𝔫
𝔎𝔦𝔫𝔡𝔢𝔯 𝔈𝔲𝔢 (6. 1. 1558) = S. 190–197, KG. 9,354ff.,
GD. 1,565–571 vornehmlich die göttliche Einsetzung
der Stände behandelt, ist in der Komödie 𝔇𝔦𝔢 𝔳𝔫𝔤𝔩𝔢𝔦𝔰
𝔠𝔥𝔢𝔫 𝔎𝔦𝔫𝔡𝔢𝔯 𝔈𝔲𝔢 / 𝔴𝔦𝔢 𝔰𝔦𝔢 𝔊𝔬𝔱𝔱 𝔡𝔢𝔯 𝔥𝔢𝔯𝔯 𝔞𝔫𝔯𝔢𝔡𝔱 (6. 11.
1553) = KG. 1,53–87 wie im Melanchthon-Brief und
im Dialog des Alberus die Prüfung der Kinder im
Lutherischen Katechismus Hauptgegenstand der Dar-
stellung. – Zur Herkunft und Bearbeitung der Legende
s. J. Winzer, Die ungleichen Kinder Evas in der Lite-
ratur des 16. Jahrh.s, Diss. Greifswald (1908), und
J. Bolte, Die ungleichen Kinder Evas, in: Anmerkun-
gen zu den Kinder- und Hausmärchen der Brüder
Grimm, neu bearbeitet von J. Bolte und G. Polívka,
3 (1918), 308–321. Vgl. bes.: die erste literarische Be-
arbeitung in Baptista Montanus, Bucolica (1498, da-
nach über 50 Auflagen), V. 53–104 der Ekloge ,Cornix
de disceptatione rusticorum et civium' = G. Mana-
corda, Beziehungen HS.ens zur italien. Lit.: Studien
z. vgl. Lit. Gesch. 6 (1906), 320, und V. Schumanns
Nachtbüchlein, hrsg. von J. Bolte: StLV. 197 (1894),
372f.; ebd. S. 373f. Auszug aus einem Kommentar
(1502) des Jodocus Badius mit Hinweis auf ein Volks-
märchen als Quelle der lat. Dichtung, die Agricola
gekannt hat, dessen Erzählung in den Sprichwörtern
(1529) = S. 197f. neben HS. auch V. Schumann o. a.
S. 198–203 benutzt hat. Umgestaltung der Legende
durch Melanchthon im lat. Brief (1539) an den Grafen
zu Wied = Corpus Reformatorum, ed. Bretschneider
3 (1836), 653, und J. Winzer o. a. S. 18–22; ebd.

S. 25–31 dessen wortgetreue Übersetzung durch Caspar
Brusch (1544, s. Schottenloher 1862 ff.) und ebd. S. 31
– 36 eine freie Übertragung durch Nathan Chytraeus
(1568, s. Goed. 2,97, Schottenloher 2895). Dramatisie-
rungen der Legende mit bes. Betonung des Kinder-
examens und des Brudermordes wie in der HS.schen
Komödie auch von Heinrich Knaust (1539, s. Goed.
2,392, Schottenloher 9870 ff.), Sixt Birck (1547, s.
Schottenloher 1281 ff., Stammler 381 f.), Nicolaus Sel-
ecker (1560, s. Goed. 2,139, Schottenloher 19859 ff.,
Stammler 434), und Balthasar Schnurr (1597, s. Goed.
2,510 f.), Arnold Quiting (1591, Schottenloher 17580),
Johann Stricker (1570, 1602, s. Schottenloher 20838 f.,
Stammler 379), s. Wenzel o. a. S. 42–79. Nachweisun-
gen zum Volksmärchen von der Herkunft der Stände
in niederdeutscher, steiermärkischer, südtirolischer, is-
ländischer, norwegischer, schwedischer, dänischer,
rätoromanischer, italienischer, maltesischer, spanischer,
tschechischer, serbokroatischer, litauischer, wotjaki-
scher, armenischer, muhamedanischer Überlieferung
bei Wenzel o. a. S. 7 f. und Bolte-Polívka o. a. S. 320 f. –
s. auch: J. Grimm, Die ungleichen Kinder Evas: Zs. f.
dt. Altertum 2 (1842), 257–267, W. Wackernagel, Kl.
Schriften 2 (1873), 131–136, F. Schnorr von Carolsfeld,
Die ungleichen Kinder Evas: Archiv f. Lit. Gesch. 12
(1884), 177–184, Stiefel 1,32–35, H. Hamann, Die
literarischen Vorlagen der Kinder- und Hausmärchen
und ihre Bearbeitung durch die Brüder Grimm: Palae-
stra 47 (1906), 92–94, zu Manacorda o. a. in: Studien
z. vgl. Lit. Gesch. 6 (1906), 288 vgl. Stiefel ebd. 388 ff.
und Manacorda ebd. 7 (1907), 329 ff.

Die Burgerin mit dem Thumbherrn

S. 120–135; FSR. 56; 24. 10. 1553. – Druck-
vorlage: A 4,3,13^{c}–17^{a} = KG. 17, 52–64 u. G. 5,56–67. –

Lesarten: V. 49 Edlman G., Edelman AK; V. 88 Aſchen K, Aſſchen A; V. 159 Weckrlein G., Weckerlein AK; V. 166 gewelfft G., gewolfft A, gewalfft K.

Quellen: Die Erzählung des vierten „weisen Meisters" in der protestantisch purgierten Bearbeitung der dt. Gesta Romanorum durch Cammerlander (1538): Die alten Römer. ‖ Sittliche Hiſtorien vnd Zuchtgleich=‖ nuſſen der Alten Römer/dardurch der menſch/jung ‖ ober alt/mit mañlichen thaten vnd ſprüchen ettli=‖cher Römiſchen keyſer/vnd aufzlenbiger kö=‖nig/Graffen vnnd Rittern ꝛc. zůr beſſer=‖ung ſeins ſtandes/gefürt mag werden/ ‖ Alles notwendig vnd lüſtig ‖ zůleſen jderman. ‖ Jtzunt von newen kürtzlich vnnd wol hierin ‖ zeſamen verteutſcht/ſampt eyner jglichen para ‖ beln vergleichnuſz mit heyliger ‖ geſchrifft. ‖ Getruckt zů Straſzburg beim Jacob ‖ Cammerlander von Mentz ‖ Anno M.D. XXXViij. ‖ 4 u. 88 Bl. Fol., Bibl. HS., darin Bl. 109ᵇ–111ᵃ: Des vierdten maiſters beiſpil mit namen Walbach/Von eines Ritters frawen/die den Pfaffen leib wolt haben/vnd wie ſie jren man den Ritter zum dritten mal verſůcht, vgl. S. 115–118 in: Gesta Romanorum, Das ist der Römer Tat, hrsg. [nach einem Codex des 14./15. Jahrh.] von A. v. Keller: Bibl. d. dt. Nat. Lit. 23 (1841), s. W. Abele, Die antiken Quellen des HS., II. Teil: Programm Cannstatt (1899), 103ff. – Nach Stiefel 1,35f., C. Drescher, Studien zu HS. 2 (1891), 16f., Stiefel 2,213–218 hat HS. daneben eine Handschrift der gereimten „Sieben weisen Meister" von 1476, in: Altdeutsche Gedichte, hrsg. von A. Keller (1846), 104 bis 122, oder eine ihr nahestehende Version gekannt. – Außerdem vermutet Stiefel 2,216–218 als Quelle für HS. eine verlorene dt. Bearbeitung eines altfranz. Fabliau über die „Probe der Männergeduld", vgl. S. 97–110 der ältesten occidentalen Bearbeitung des Buches von den „Sieben weisen Meistern" in: Li

romans des sept sages, hrsg. von A. Keller (1836); Lit.
zur Novellensammlung, die sich von Indien aus ins
Persische, Arabische, Türkische, Hebräische, Latei-
nische und von hier aus ins Italienische, Spanische,
Französische, Englische, Skandinavische, Deutsche
verbreitete bei Goed. 1,348–351, Ehrism. 476f., VL.
3,338–344 u. 5,257–262, Stammler 284; Heitz/Ritter
verzeichnen 48 dt. Drucke von 1470–1600, s. S. 38,
Z. 13f.; vgl. außerdem: Fabliaux ou contes, Fables et
Romans du XIIe et du XIIIe siècle, traduits ou extraits
par le grand d'Aussy III (1829) 165ff.: De la femme
qui voulut éprouver son mari. – Die o. a. Erzählung
aus dem Cammerlanderschen Druck der dt. Gesta
Romanorum (1538) wurde wortgetreu in die von HS.
oft benutzte, ebenfalls 1538 erschienene Ausgabe des
Ritters vom Thurn Bl. 21^a–23^a übernommen: Der
Ritter vom Thurn / Zuchtmaifter ‖ der Weiber vnd Junck=
frawen. ‖ Anweifung der Junck=‖frawen vnd Frawen /
wefz fich eyn jede ‖ in jrem ftandt / gegen jderman in
difer argliftigen Welt / ‖ mit geberden / fitten vnd worten /
halten fol. / Aufz beiden ‖ Teftamenten / Altem vnd
Newen / hiftorien / von frummen vnd ‖ böfen Weibern
hierin zůfammen gefetzt / die böfen ‖ zůfliehen / vnnd die
gütten zů eym Eben=‖bildt anzůnemmen. ‖ Von neuwen
verteutfcht / vnd getruckt zů Strafzburg ‖ beim M. Jacob
Cammerlander von Mentz. ‖ Anno M.D.XXXViij. ‖
4 u. 55 Bl., Fol.; der Ritter vom Thurn, eine Über-
setzung des Livre pour l'Enseignement de ses Filles
(1371) von Goeffroy de La Tour Landry durch den
Marquard vom Stein (um 1427–1495/96) war nach
einer Notiz des Cyriacus Spangenberg aus dem Jahre
1543 eines der gelesensten Volksbücher der Zeit, von
1493–1583 elf Drucke bei Heitz/Ritter 193–195, s.
Goed. 1,352, Ehrism. 513, Schottenloher 20567f., VL.
3,275–277, Stammler 279; A. L. Stiefel, HS. und der

Ritter vom Thurn: Studien z. vgl. Lit. Gesch. 3 (1903), 1 f. – Von HS. auch bearbeitet im Mg. Die purgerin mit dem pfaffen (23. 1. 1551) = GD. 5,149–151.

Zwaier philofphi difputacio ob pefer hayraten fey oder ledig zw pleiben ainem weiffen mann

S. 136–151; FSR. 71; 27. 9. 1555; – Druck-vorlage: SG 9,269–276 = G. 6,107–120; A 5, 2, 270^d–274^b = KG. 20,234–248. – Lesarten: In der zweiten Zeile der Überschrift philofophi A, philolfophi SG; V. 4 arguiren A, difputiren SG; vor V. 21 spera SG; V. 71 ift der A, hat den SG, V. 75 gfünder G., gefündert SG; nach V. 113 und 153 Thalles SG; V. 117 erterich SG; V. 125 Eyfferig A, Eyffrig SG; V. 206 worlton SG; V. 385 Vnd G., Vns SG, A. Titel und Regiebemer-kungen sind nach dem Gebrauch in A gesetzt.

Quellen: Plutarcus von Eheronea / der allernamhaff-tigft / Griechifch gefchichtfchreiber / von den Leben vnd Rit-terlichen thaten / der allerdurchleüchtigftē männer / Grie-chen vnd Römer / Künig / Burgermeifter / vñ Hauptleüten / als namlich / Tefei Künig zu Athen Romuli vnd Remi etc. deren fechs vnd vierzig vnderfcheidenlich nach ein-ander / mit jren leben (vnd wo es die notdurfft erfordert) mit figuren anzeigt. Namlich durch den Fürnemen vnd weifen Herren Hieronymum Boner [gest. 1552] derzeit Stettmeifter / der löblichen Reichftatt Colmar / im El-faß / auß Latein inn das nachuolgend Teütfch gemei-nem nuß zů gut verwendt. Zů Colmar bey Barptolome Grieninger. MDXLI. (zit. nach: Wethly, Hieronymus Boner, Diss. Straßburg 1892), darin auf Bl. 47 Cap. 6–7 Bibl. HS., des Leben Solons, vgl. Plutarchi vitae pa-rallelae, ed. CL. Lindskog et K. Ziegler I, 1 (1915), 95 ff.; s. Goed. 2,319, Schottenloher 1458 ff., Stammler 193 f. – Außerdem aus der Frühzeit humanistischer

Übersetzungen: Tranſlaßion ‖ oder tütſchungē des hoch=
geachten Nico ‖ lai von wyle [gest. nach 1478]: den
zyten Statſchreiber der ‖ Stat Eſſelingen: etlicher bücher
Enee ſil‖uij: Pogij Forētini: Felicis hermerlin: ‖ docto=
ris. Mit ſampt andern ſchryfften: dern ‖ xviij. nachein=
ander underſchydenlichen ‖ mit iren figuren und titeln
begriffen ſint. ‖ Flyſzigelichen geordnet vnd getruckt Jo=
haņes ‖ Bryſe: Burger ßü Straſzburg: ßüm ‖ Thier=
garten. Vff Sant Johans ‖ enthouptung tage. Anno ‖
dn̄i. M.ccccx. ‖ 148 Bl. 4º, darin Bl. 49ªff.: Ob eim
alten man zym̄ ein wyb zenemen, s. Translationen von
Niclas von Wyle, hrsg. [nach dem ältesten Druck,
wahrscheinlich Eßlingen 1478 bei K. Fyner] von A. v.
Keller: StLV. 57 (1861), 123–144; s. Goed. 1,361ff.,
Ehrism. 660–663. – Nicht ohne Einfluß auf HS. war
nach Stiefel 1,52 weiterhin: Die natürlichen meiſter
haben in irer ſchule vnd ‖ übung fürgenomen vnd ge=
diſputieret ein hüp=‖ſche gemeine frag. Ob einem maņe
ſey zunemē ‖ ein eelich weyb oder nicht. Vnd wiewol diſe
frag mit ‖ kurßen worten von den ſelben meiſtern̄ wirt
hingelegt ‖ yedoch hab ich Albrecht von Eybe [1420–1475]
in beyden rechten ‖ doctor Archidiacon zu Wirßburg. vnd
Thumherr zu ‖ [Bl. 1ᵇ] Bamberg vnd Eyſtet. der löb=
lichen keiſerlichen Stat ‖ Nürmberg vnd eym erbern
weyſen fürſichtigē rate vnd ‖ der gantzen gemeine da=
ſelbſt aufz beſunder lieb gutten ‖ willen vnd zuneigung
vnd aufz freüntlicher nachpar= ‖ ſchaft die ich in ſunder=
heit vor anndern zu in han zu lob ‖ vnd ere vnd ſterkung
irer pollicey vnd regimenß für=‖genomen auff die für=
gelegten frag zuſchreiben vnd diz ‖ ſelbē mit vil hüpſchen
wortten vnd zuuallendē Stücken ‖ Hyſtorien vnd mate=
rien zu weyttern̄ vnd zu zieren frö=‖lich vnd lüſtig geben
zu leſen vnd zu hören zu einē gutte ‖ ſeligen Neüen Jare
der Jar zal Criſti vnnſers herrē ge=‖purt Tawſent Vier=
hüdert vnd zwei vnd Sibißigiſten ‖ Jaren vnd ge= ‖ endet

haben die es püchlein zu wolgefallen vnd zu lesen mit
freuden Amen. ‖ 58 Bl., Fol., darin Bl. 2–3 Ob einem
manne sey zunemen ein eelich weyb oder nit = Deutsche
Schriften des Albrecht von Eyb, hrsg. von M. Herr-
mann, Bd. 1, Das Ehebüchlein (1890), 5–8; s. Goed. 1,
370 ff., Ehrism. 666 ff., Stammler 44 ff.; – bearbeitet
von HS. auch im Mg. Solon mit seinem sun (21. 2.
1542) = GD. 3,295–297, in der Hiſtoria Der weis Solon
von Athen mit seinem sun (21. 2. 1542) = KG. 22,266 f.
und im Schwank Ob einem weiſen mann ein weib zu
nemen sey oder nit (25. 5. 1563) = KG. 20,526–531;
s. W. Abele, Die antiken Quellen des HS.: Programm
Cannstatt (1897), 28 f.

Der neidhart mit dem feyhel

S. 152–173. FSR. 75; 9. 2. 1557. – Druckvorlage:
SG 11,130–139 = HS., Spruchgedichte Elfter Band,
Faksimileausgabe der Zwickauer Originalhandschrift
von 1557, hrsg. vom Stadtrat Zwickau mit einem Nach-
wort von K. Hahn (1927), G. 7,1–19. – A 4,3,49b–54a
= KG. 17,198–217. – Lesarten: V. 34 pleibn G., pleiben
SG; V. 70 ſampt A, fehlt SG; V. 74 feyel A, feyl SG;
V. 84 ſeczn A, ſeczen SG; V. 114 faren A, farn SG; V. 117
nachtpaurn G., nachtpaur SG; V. 146 Frewlein A, Frav-
lein SG; V. 168 erkrümn G, erkümn SG; V. 186 an A,
fehlt SG; V. 199 Derſelb A, Der SG; V. 202 gar A, fehlt
SG; V. 243 lat G., las SG, laſz SG; V. 253 u. 258 wirs
G., würs SG; vor V. 262 die G., den SG; V. 262 her der
A, der der SG; V. 269 paurn A, pauern Sg; V. 271
ſchramm A, ſchlamm SG; V. 277 ghawen A, gehawen
SG; V. 282 mönich A, münch SG; V. 290 Habn A, Haben
SG; V. 296 andren G., andrem SG; V. 304 wunden A,
wundn SG; V. 305 zu A, fehlt SG; V. 307 müffn A,
müeffen SG; V. 308 liften A, liftn SG; V. 309 lieben A,

liebn SG; V. 323 ḟinein A, ḟeinein SG; vor V. 326
Actus 3 steht in SG am Schluß von Bl. 135', am Anfang
von Bl. 136 ist Der fůerſt wiederholt; V. 331 Dardurch
A, Dar SG; V. 335 oſterereich SG; V. 374 aufgieſen SG;
V. 399 fürſten A, fürſten SG; V. 441 nempt A, nampt SG. –
Titel und Regiebemerkungen sind nach dem Gebrauch
in A gesetzt.

Quellen: Das Schwankbuch von Neidhart Fuchs:
Ḟie nach volget gar ḟůbſche abentḟewr ge‖dicht /die gar
kůrḃweylig ſein ḃu leſen vnnd ḃu ‖ ſingen die der edel
Neytḟart Fuchs ‖ geboren ‖ aufḃ Meychſſenn Ritter der
durchleůchtigen ‖ ḟochgebornen Fůrſten vñ Ḟerrn ḟerrn
Otten ‖ vñ Fridrichen Ḟerḃogen ḃu Oſterreich ſeligen ‖ die=
ner /bey ſeinen ḃeytten gemacht vnnd vol‖bracht ḟat mit
den pawern ḃu Zeyſelmawr in ‖ Oſterreich vnd allent=
ḟalben. ‖ 80 Bl. 4°. Am Schluß: ‖ 1537 ‖, gesetzt mit
Typen des Nürnbergers Georg Wachter, 80 Bl. 4°;
s. Bobertags Narrenbuch: Kürschners dt. Nat. Lit.
11 (1884), 149–292, darin V. 113–207, 208–264 die
Veilchengeschichte und V. 2115–2277: Ḟie nach volget,
wie der ḟercḃog von Ḟſterreich mit Neitḟart ein gůten
můt wolt ḟaben, daḃ er ſein ſchöne fraw ſech, vnd wie in
Neitḟart betrog. Von HS. bearbeitet auch im Mg. Der
neidḟart mit ſeinen liſten (29. 5. 1538) = GD. 3, 199f.
und im Mg. Der neydḟart mit dem feyḟel (31. 3. 1556)
= GD. 6,217f. – Stiefel 2,222 verweist auf das Neid-
hartspiel in: Fastnachtspiele aus dem 15. Jahrh., hrsg.
von A. v. Keller: StLV. 28 (1853), 393–467; ebd.
191–198 ein weiteres Neidhartspiel aus der gleichen
Wolfenbütteler Handschrift; s. auch das St. Pauler
Neidhartspiel aus dem 14. Jahrh. in der Zs. f. dt.
Altertum 40 (1896), 368–374 und das Sterzinger Szenar
in: Sterzinger Spiele, nach Aufzeichnungen der Vigil
Raber, hrsg. von O. Zingerle: Wiener Neudrucke 11
(1886), 236–263; die Entwicklung des Motivs vom 14.

bis in die zweite Hälfte des 16. Jahrh.s bei: K. Gusinde,
Neidhart mit dem Veilchen: German. Abhandlungen
17 (1899), ebd. S. 238–240 das älteste Gedicht vom
Neidhart mit dem Veilchen; H. Káb de bo, Die Dich-
tungen des HS. zur Geschichte der Stadt Wien (1878),
93–98 R. Brill, Die Schule Neidharts (1908), 152f.;
Goed. 1,343; Ehrism. 481f. – Zum Lied vom Maien s.
Goed. 2,45f., Dt. Liederhort, hrsg. von L. Erk und
F. M. Böhme 2 (1893), 713.

Der doctor mit der grofen nafen

S. 174–187. FSR. 83; 13. 12. 1559. – Druck-
vorlage: SG 14,48'–54' = G. 7,113–125. – A 5,3,363c
bis 366c = KG. 21,103–115. – Lesarten: V. 31 búch∫n
A, púech∫en SG; S. 55 bachen A, pach∫n SG; nach V. 96
trinckt A, drinck SG; nach V. 108 Fricz der knecht ∫tö∫t
den narren hinaus ‖ Der junckher redt weiter A, fehlt
SG; V. 133 nur A, fehlt SG; V. 143 küpffern A, küpffrene
SG; V. 157 geren A, gern SG; V. 199 ∫einr A, ∫einer SG;
V. 227 doctors SG; V. 252 hab SG; hat G; V. 300
vnpegeckert A, vnpegkert SG.

Quelle: Schimpf vnd Ern∫t ‖ hei∫et das búch mit namē ‖
durchlaufft es der welt handlung mit ‖ ern∫tlichen vnd
kurtzweiligen exem ‖ plen / parabolen vnd hy∫torien ‖ nütz-
lich vnd gút zú be∫∫e=‖rung der men∫chen ‖ Cum priuilegio
Jm. ‖ Bl. 124[b]: Getruckt zu Straßburg von Johannes ‖
Grieninger / vnd volendet vff vn∫er lieben frawen tag der
geburt / ‖ in dem iar nach der geburt Chri∫ti vn∫ers herren.
Tau∫ent ‖ fünff hundert vnd zwei vnd zwentzig. ‖ 132 Bl.,
Fol., Bibl. HS., Zú∫amen gele∫en von dem ehrwürdigen
vatter vnd brüder Johannes Pauli [um 1452–nach 1522]
Barfú∫zer Ordens / Le∫zmei∫ter zú Than in dem∫elben
klo∫ter ∫o er xl. jar vff erden geprediget hat ... aus allen
búchern / ∫o er es gefunden hat [besonders auch bei Geiler

von Kaisersperg, s. VL. 2,8–14] . . . damit die geiſtlichen
kinder in den beſchloſzenen klöſtern etwa zů leſen haben
darin ſie zů zeiten iren geiſt mögen erlůſtigen růmen man
nit alwegen in einer ſtrenckeit bleiben mag vnd auch die
vff den ſchlöſſern vnd bergen wonen vnd geil ſein er-
ſchrockenliche vnd ernſtliche ding finden da von ſie gebeſſert
werden auch das die predicanten exempel haben die ſchlef-
ferlichen menſchen zů erwecken vnd lůſtig zů hören ma-
chen; von 1522–1597 neunundvierzig Auflagen, nach
dem Memorial des Frankfurter Buchführers Michael
Harder lag Paulis Schimpf und Ernst mit 202 Exem-
plaren hinter 233 Exemplaren der Sieben Weisen Mei-
ster (s. S. 31 f.) an der Spitze der auf der Fastenmesse
1569 verkauften Volksbücher, s. Goed. 1,404 f., J. Paulis
Schimpf und Ernst, hrsg. von J. Bolte: Alte Erzähler
2 (1924), 141–154, Heitz/Ritter 159–166, Schottenloher
17003 ff., VL. 3,836–839, Stammler 275; W. Abele, Die
antiken Quellen des HS., II. Teil: Programm Cann-
statt (1899),109 ff.; Quelle zum FS. die Geschichte
Nr. 41: Ein narr ſchmecht ein mit der Naſen = Schimpf
und Ernst von J. Pauli, hrsg. von H. Österley: StLV.
85 (1866), 39 f., und J. Pauli Schimpf und Ernst, hrsg.
von J. Bolte: Alte Erzähler 1 (1924), 32; – von HS.
auch bearbeitet im Mg. Der doctor mit der naſen (14. 12.
1545) = GD. 4, 12 f. und im Schwank Der doctor mit
der groſen naſen (14. 8. 1559) = GD. 2,221–224.

Anhang S. 188–202 zum FS.
Wie Gott der Herr Adam und Eva jhre kinder ſegnet.

s. S. 26 ff. – Mg. S. 188 ff. Mg. Die vngleichen
Kinder Eve (25. 8. 1547). Druckvorlage: Dresdener
HS.–Handschrift M 12, Bl. 145′ – 146′ = GD. 4. 243 f.;
in M 12 V. 54 lant. – S. 191–197 Schwanck/ Die
vngleichen Kinder Eue (6. 1. 1558). Druckvorlage: A 2,

4, 83ᵇ–84ᶜ = KG. 9, 354–360; vgl. SG. 12, 71′– 74′ in
GD. 1, 563–569. – Angaben über die Druckvorlagen
für S. 197 f. (Agricola, 1529)) und S. 198–202
(Melanchthon-Vigilius, 1541) S. 27 ff.

Abkürzungsverzeichnis

A = erste Nürnberger Folioausgabe der HS.-
Werke, (1558–1579), s. S. 7–10.

B = zweite Auflage der Nürnberger Folio-
ausgabe, (1560–1577), s. KG. 26, 109ff,

Bibl. HS. = autographisches Verzeichnis der Biblio-
thek des HS., s. KG. 26, 152ff.

C = dritte Auflage der Nürnberger Folio-
ausgabe, (1570–1591), s. KG. 26, 110ff.

Ehrism. = G. Ehrismann, Geschichte der deut-
schen Literatur des Mittelalters 2,2,2
(1935).

FS. = Fastnachtspiel.

FSR = Fastnachtspielregister, s. S. 15–17.

G. = Sämtliche Fastnachtspiele des HS., In
chronologischer Ordnung nach den Ori-
ginalen hrsg. von E. Goetze, 7 Bde.
(1880–1902), 2. Aufl. von Bd. 1 (1920).

GD. = Sämtliche Fabeln und Schwänke von
HS., Bde. 1 und 2 [: Die Fabeln und
Schwänke in den Spruchgedichten],
hrsg. von E. Goetze (189/94), Bde. 3–6:
Die Fabeln und Schwänke in den Mei-
stergesängen, hrsg. von E. Goetze und
C. Drescher (1900–1913).

Goed. = Grundriß zur Geschichte der deutschen
Dichtung von K. Goedeke, 2. Aufl.,
Bd. 1 (1884), Bd. 2 (1886).

GW	=	Gesamtkatalog der Wiegendrucke, hrsg. von der Kommission für den Gesamt- katalog der Wiegendrucke (1925 ff.).
Heitz/Ritter	=	Versuch einer Zusammenstellung der deutschen Volksbücher des 15. und 16. Jahrhunderts nebst deren späteren Ausgaben und Literatur (1924).
HS.	=	Hans Sachs.
K	=	die Kemptner Ausgabe der HS.-Werke (1612–1616), s. KG. 26, 116ff.
KG.	=	Hans Sachs, hrsg. von A. v. Keller und E. Goetze, 26 Bde. (1871–1908).
Mg.	=	Meistergesang.
MG	=	autographisches Meistergesangbuch, s. S. 7.
Schotten- loher	=	K. Schottenloher, Bibliographie zur deutschen Geschichte im Zeitalter der Glaubensspaltung, 6 Bde. (1932–1940).
SG	=	autographisches Spruchgedichtbuch, s .S. 7.
Stammler	=	W. Stammler, Von der Mystik zum Barock, 2. Aufl. (1950).
Stiefel 1	=	A. L. Stiefel, Über die Quellen der HS.- ischen Dramen: Vierteljahrsschrift für deutsche Altertumskunde NR. 24 (1891), 1–60.
Stiefel 2	=	A. L. Stiefel, Über die Quellen der HS.- ischen Dramen, Nachträge und Berich- tigungen: ebd. 25 (1892), 203–230.
StLV.	=	Bibliothek des Literarischen Vereins in Stuttgart.
VL.	=	Die dt. Literatur des Mittelalters. Verfasserlexikon, hrsg. von W. Stamm- ler und K. Langosch. 5 Bde. (1933–1956).

Faßnacht spiel.

Das Hoffgesindt Veneris / vnnd hat XIII. Person.

Der Ernholdt tridt ein / neiget
sich / vnnd spricht.

G Ott grüß euch all jr bieberleudt
Als jhr denn hie gesamlet seidt
Her kumbt mit mir ein kleines Heer
Die wöllen euch allen zu ehr
5   Ein kurtzes Faßnacht spiel hie machen
Wer denn lust hat / mag sein wol lachen
Doch wirt in diesem Faßnacht spiel
Geredt zu weng oder zu viel
So bitten wir euch all vorahn
10 Jr wölt es in gut hie verstahn
Vnd vns zu dem besten auß legen
Nun will ich euch stellen entgegen
Ein in eim langen / grawen bart
Der selbig heißt der drew Eckart
15 Der kumbt her auß dem Venus perck
Wirt euch sagen groß wunderwerck.

Der gedrew Eckardt spricht.   [Iᵇ]

Gott grüß euch alle hie gemein
In gut kum ich zu euch herein
Wann ich hab auch gar wol vernummen
20 Wie mehr gest hernach werden kummen
Vor den ich euch hie warnen muß
Es wirt sein die Küngin Venus

Die wirt mehren jr Hoffgesindt
Mit manchē scharpffen Pfeil geschwindt
25 Vnd wehn sie trifft der kumbt in noht
Hüt euch vor jr/das ist mein roht.

Der Donheuser spricht.

Herr Donheuser bin ich genandt
Mein nam der ist gar weit erkandt
Auß Franckenlandt was ich geborn
30 Aber Fraw Venus außerkorn
Hat mich in jrem dienst bezwungen
Jr Pfeil hat mir mein hertz durch drungē
Darnach da hat sie mich gefangen
Vnd an jr starckes seil gehangen.   [1ᶜ]

Fraw Venus spricht.

35 Ich bin Venus der lieb ein hort
Durch mich wardt manig Reich zu stort
Ich han auff Erden groß gewalt
Vber Reich/arme/Jung vnd alt
Wen ich wundt mit dem schiessen mein
40 Der selbig muß mein diener sein
Als denn jetzundt auff spanne ich
Darumb wer fliehen wil der fliech.

Der Ritter spricht.

Hör zu du Küngin außerkorn
Ich bin ein Ritter wolgeborn
45 Nach Rennen/stechen steht mein sin
Vor deim schiessen ich sicher bin

Der getrew Eckardt spricht.

O fleuch baldt/fleuch du strenger Ritter
Venus macht sonst dein Leben bitter

Fraw Venus spricht.

Ritter dich hilfft dein fliehen nicht
50 Mein Pfeil ist schon auff dich gericht.

Der Ritter spricht.

O weh Venus was zeuchst du mich
Das du mich scheust so hertiglich
Mein Rennen / stechen hat ein endt
Ich gib mich in dein Regimendt.

Der Doctor spricht.

55 Hör zu Venus der lieb ein gart
Ich bin ein Doctor wol gelart
Mein wolust ist die bücher lesen
Vor dir traw ich wol zu genesen.

Der getrew Eckardt spricht

O fleuch wolgelerter Doctor
60 Das Venus nit kumb auff dein gspor.   [I᛫ᵈ]

Fraw Venus spricht.

Doctor du magst mir nit entweichen
Mein Pfeil geht auff dich schnelligleichē

Der Doctor spricht.

Ach weh Venus der hertsten wunden
Der gleich mein hertz nie hat entpfunden
65 Nun laß ich liegen alle kunst
Vnd gib mich gentzlich in dein gunst.

Der Burger spricht.

Venus du Küngin wunigleich
Wiß das ich bin ein Burger reich

Mein sin der steht auff Gelt vnd gut
70   Dein schiessen mir kein schaden thut.

Der getrew Eckardt spricht.

Ach fleuch fleuch du reicher Burger
Das dich Venus nit bring in schwer.

Fraw Venus spricht.

Burger durch fliehen bist betrogen
Mein Pfeil ist schon auff dich gezogen.

Der Burger spricht.

75   Ach weh Venus des meinen hertzen
Wie ist es jetzt verwundt mit schmertzen
Auff gut vnd Gelt acht ich nun nicht
Zu deinem dienst bin ich verpflicht.

Der Bawer spricht.

Hör Venus ich gib dir kein lob
80   Wiß das ich bin ein Bawer grob
Hewen vnd dreschen ist mein werck
Ich wil nit in den Venus berg.

Der getrew Eckardt spricht.

O fleuch nur baldt du armer Bawr
Venus macht sunst dein Leben sawr.   [IIa]

Venus spricht.

85   Bawer was hilfft dein fliehen dich
Seidt mein Pfeil ist so schnelliglich.

Der Bawer spricht.

Weh mir Venus zu dieser stundt

Wie haſt du mich ſo hart verwundt
Mein driſchel die wil ich auffgeben
90 In deiner Handt ſo ſtedt mein Leben

Der Landtzknecht ſpricht.

Hör Fraw Venus du ſchönes bildt
Wiß das ich bin ein Lantzknecht wilt
Zu ſtürmen / Kriegen han ich luſt
Dein ſchieſſen iſt gehn mir vmb ſuſt.

Der getrew Eckardt ſpricht.

95 Fleuch / fleuch / du ſtoltz / friſcher Lätzknecht
Das du durch Venus nit werſt gſchmecht.

Venus ſpricht.

Lantzknecht dich hilfft dein fliehen klein
Mein Pfeil dringt durch dein harniſch ein.

Der Lantzknecht ſpricht.

Ach weh mort vber alles mordt
100 Wie iſt mein ſinn ſo gar zu ſtordt
Das ich kein luſt mehr hab zu kriegen
Venus zu dir wil ich mich ſchmiegen.

Der Spieler ſpricht.

Hör zu Venus der lieb ein roß
Wiß das ich bin ein ſpieler groß
105 Würffel vnd Karten ich ſtets trag
Nach deinem ſchiſſen ich nit frag.

Der getrew Eckardt ſpricht.

Fleuch fleuch baldt von danne du ſpiler
Venus iſt deins hertzen durch zieler. [IIb]

Venus spricht.

Spieler der flucht magst nit geniessen
110 Dein hertz das wir ich dir durch schiessen

Der Spieler spricht.

Ach weh mir du edle Venus
Wie weh thut mir dein herter schuß
Mein spielen nun ein ende hat
Ich gib mich gantz in dein genadt

Der Trincker spricht.

115 Hör zu du Edle Venusin
Wiß das ich ein Wein trincker bin
Zu Essen / Trincken hab ich lieb
Auff dein Schiessen ich gar nit gieb

Der getrew Eckardt spricht.

Fleuch / fleuch / Weintrincker / fleuch mit eil
120 Das dich nit rhür Fraw Venus pfeil.

Venus spricht.

Trincker dein fliehen ist ohnnütz
Dich erreicht meines Pfeiles spitz.

Der Trincker spricht.

Ach weh mir Venus immer meh
Dein harter schuß thut mir so weh
Nun laß ich sthen den külen Wein
125 Dein diener wil ich fürbaß sein.

Die Jungfraw spricht.

Venus ich bin ein Jungfraw frum
Ich acht mich nit der Welte dum

Ich wil behalten meinen krantz
130 Darumb fahr hin mit deinem dantz.

Der getrew Eckardt spricht.

Fleuch / fleuch / du zart reine Jungfraw
Das dich Fraw Venus pfeil nit haw.   [II^c]

Venus spricht.

Jungfraw dein flucht die ist zu spadt
Mein Pfeil ereylet dich gar drat.

Die Junckfraw spricht.

135 Ach glück wie hast du mich verlossen
Das mich Fraw Venus hat geschossen
Nun hat ein endt mein heil vnd glück
Seit ich kumb an Fraw Venus strick.

Das Frewlein spricht.

Hör zu Venus der lieb ein Kron
140 Wiß das ich bin ein Frewlein schon
Behalten so wil ich mein ehr
Auff dein schiessen acht ich nit sehr.

Der getrew Eckardt spricht.

Fleuch / fleuch / du junges Frewelein
Das dich Venus nit bring in pein.

Fraw Venus spricht.

145 Frewlein dein flucht ist viel zu spadt
Mein scharpffer stral schon auff dich gat

Das Frewlein spricht.

Ach weh mir Venus / weh vnd ach

Auff erd mir nie so weh geschach
Mein zucht vnd ehr hast du gefalt
150 Ich gib mich gar in dein gewalt.

Der getrew Eckardt spricht

Ach Venus edle Künigein
Ich bit dich durch die güte dein
Vnd val zu fuß dir auff mein knie
Das du niemandt mehr wellest hie
155 Schiessen mit deim scharpffen geschoß.

Fraw Venus spricht.

Eckardt dein bit ist schwer vnd groß   [II^d]
Jedoch wil ich dich darin ehren
Niemandt mehr auff dißmal versehren.

Der Donheuser spricht.

Ach Venus wie sey wir so kranck
160 Ach wie ist vns die weil so lanck
Ach wie han wir so dieffe wunden
Ach wie sein wir so hart gebunden
Laß vns ledig das bit wir dich.

Fraw Venus spricht.

Herr Danheuser vernime mich
165 Von mir wirt niemandt mehr erlöst
Seit jr mir jetzundt seit genöst
Vnd euch mein Pfeil berüret hat
So ist all ewer hoffnung todt
Jr wert vnter meim Regimendt
170 Beleiben biß an ewer endt.

Sie sprechen all.

Ach weh vns ach vnd jmmer weh
Werdt wir denn ledig nimmer meh.

Der getrew Eckardt spricht.

Ich han euch vor gewarnet all
Ir solt fliehen Fraw Venus stral
175 Ir wolt mein worten nit begnaden
Seidt ir ellendt / habt euch den schaden.

Fraw Venus spricht.

Secht an ir Herrn vnd Frawen all
Wie euch mein Hoffgesindt gefal
Ritter / Doctor / Burger und Pawer
180 Kan ich machen ir leben sawer
Lantzknecht / spieler / Trincker noch mehr
Reinen jungfrawen / Frawen Ehr
Der jedes kan ich durch mein Pfeil
Bald bringen an mein langes seil
185 Ich kann jn nemen sinn vnd witz   [III^a]
Ir vorig frewdt mach ich vhnnitz
Die denn ir jedes gantz verlat
Vnd volgt mir nach an dieser stat
Als ir denn secht auff dieses mal
190 Darumb hüt euch vor diesem strahl
Der manig Mensch bringet zu sorgen
Tag vnde nacht / abendt vnd morgen
Als ich jetz diesen hab gethon
Die also trawriglich hie sthon
195 Doch eh das sie verzagen gantz
Pfeiff auff Spilman / mach jn ein dantz

Man Dantzt.

Darnach spricht Venus wider zu jn.

Wolauff / wolauff / mein Hoffgesin
Wolauff / wolauff mit mir dahin
Ich wil euch füren da ich han

200 Vorhin gefürt manigen Man
Auch manch Jungfraw vnd schöne Frawen
Da wert jr grosse wunder schawen
Von einem Thurnieren vnd Stechen
Manich Ritterlich sper zu brechen
205 An meinem Hoff fechten vnd Ringen
Dantzen / Hoffieren vnde Singen
Auch manig süsses Seiten spiel
Sunst ander kürtzweil ohne ziel
Die hie von mir sindt vngenandt
210 Dergleich man findt in keinem Landt
Darumb wolauff mit eil vnd iach
Wer mit vns wil der kumb hernach
Wir wöllen in Fraw Venus Berg
So spricht Hans Sachs von Nürenberg

Die Person inn das Spiel [III^b]

Der Ernholdt	1
Der getrew Eckardt	2
Der Danheuser	3
Fraw Venus	4
Der Ritter	5
Der Doctor	6
Der Burger	7
Der Pawer	8
Der Lantzknecht	9
Der Spieler	10
Der Trincker	11
Die Jungfraw	12
Das Frewlein	13

Anno M.D.XVII. Jar
Sambstag vor der Herrn
Faßnacht.

[A 2,2, IXL^d]

Ein Spil
mit V. Perſonen zu ſpilen/vnd heyſt
der halb Freundt.

Coridus der Heuchler tritt ein
vnd ſpricht.

Seyt all gegrüßt/ich ſuch ein hinnen
Ich kan jn aber da nicht finnen
Ich wil jn ſuchen am Herrnmarck
Wañ mein Bauch brummet mir ſo ſtarck
5 Mein Magen iſt mir worden ler
Dort geht mein Freundt eben daher
Ich wil jn gleich zum Frümal laden
Den Tiſch ſetzen in ſeinen Gaben
Wie ich jm dann thu vber tag
10 Ich hoff das er mirs nit abſchlag

Lucius der Jüngling kombt
vnd ſpricht.

Mein Coride was machſt allein

Coridus der Heuchler ſpricht.

O Luci lieber Freunde mein
Ich thu mich gleich nach dir vmb ſchawen
Ich hört geſter von deiner Frawen
15 Du werſt am Leib ein wenig ſchwach

Lucius der Jüngling ſpricht.

Ja/doch hat es gelaſſen nach

Coridus der heuchler ſpricht.

Des freu ich mich mein Freundt mit dir
Vnd ſolſt mit todt abſcheyden mir
Ich glaub ich könd an dich nit leben   [XL^a]

4•

Lucius der Jüngling spricht.

20 Also ist mir gleich gen dir eben
   Dein freundtlich Trew spür ich gen mir
   Drumb ist mir auch gleich wol bey dir
   Du vertreibst mir zu aller zeit
   Vil vnmüts durch dein fröligkeit
25 Zu mittag must heut mit mir essen
   Ich wil dir geben bachen Kressen
   Vnd darzu ein gebrente suppen
   Dem Becher wöll wir deß baß luppen
   Du must halt mit mir vergut nemen

Coridus der Heuchler spricht.

30 Ich wolt mich in mein hertz nein schemen
   Solt ein gut Mahl verschmahen mir
   Wasser vnd Brod eß ich mit dir
   Auff das ich nur bey dir künd sein
   Ich bin dein eigen / vnd du mein
35 Vngescheydn sein wir alle beyd
   Weder in lieb oder in leid.

Lucius beut jm die Hand S

Ja des hab dir mein Trew zu pfandt

Coridus druckt im die Handt S

O das ist mir eine liebe Handt
Von der mir kommet glück vnd heil
40 Wer mir vmbs Keisers gut nit feyl.

Medius der schmeichler komt /
zupfft Lucio beim Rock vnd spricht.

Ach lieber Freund Gott grüsse dich
Wie gantz hertzlich betrübet mich
In trawren thu ich zu dir fliehen

Lucius der Jüngling spricht.

Was ists thu lenger nit verzihen
45 Mein Freund ist noch zu helffen dir   [XL^b

Medius der schmeichler spricht.

O du kanst leichtlich helffen mir
Mich bhalten bey heußlichen ehren.

Lucius der Jüngling spricht.

Durch was mittel thu mich das lehren

Medius der schmeichler spricht.

Ach ich muß heut zwölff gülden han
50 Oder in den Schuldthuren gan
Wo du mirs leichst ich käm auß not
Wo nit / wird ich zu schand vnd spot

Lucius gibt jm Taler/ spricht.

Mein Freund ich wil selb sein dein zaler
Da hastu gleich eilffthalben Taler
55 Ich wolt ein anders dir für strecken
Eh ich dich ließ in Thuren stecken
Solt ich ein solches dir versagen

Medius der schmeichler spricht.

Mein Freundt du hast vor kurtzen tagen
Mir auch wol zweymal gelt gelihen
60 Wiewol ich dich thu lang auffziehen
Hab gedult/ Thu ich ein glück erleben
Ich wil dirs alles widergeben
Vnd dich zu grossem danck bezalen
Du weist mich auch zu allen malen
65 Dir gutwillig vnd dienstlich sein

So vil ift im vermögen mein
Gelt vnd Gut hab ich nit zu geben
Sonft aber / Seel / ehr / leib vnd leben
Wolt ich mein Freundt setzen für dich
70   So foltu gwißlich finden mich

Lucius der Jüngling spricht.

Ich weiß es wol / hab auch empfunden
Dein freundlich Trew zu manchen ftunden
Drumb geh bald dein glaubiger zal   [LXᶜ]
Kumb darnach iß mit das frü Mal
75   Fůder dich fo wól wir zwen
Fuß für Fuß heim zu Haufe gehn.

Sie gehn alle ab.

Lucianus der alt kombt vnd S.

Gott hat mir bfchert Gwalt ehr vnd gut
Jedoch mich eins bekümmern thut
Ich hab ein Son noch jung an jarn
80   Vnfürfichtig vnnd vnerfarn
Wenn ich zu gutem verftandt brecht
Mein Son fo ftünds als wol vnd recht

Lucius der Son kombt vnd S.

Heil mein Vatter was wiltu mein
Das du nach mir fchickeft hinein
85   Ich thet gleich von dem Tifch auffftehn
Het bey mir guter Freunde zwen
Die affen mit mir das frümal

Lucianus der Vatter spricht.

Wieuil Freundt haftu vberal

Lucius der Jüngling spricht.

Auffs wenigft jr zwölff oder mehr

Lucianus / zwölf? Lucius / ja zwölf

Lucianus spricht.

90 So sag ich dir bey meiner ehr
Dieweil ich hab auff Erd gelebt
Hab ich nach guten Freunden gstrebt
Hab doch nit mehr auß aller summen
Ein halben Freundt nur vberkommen
95 Vnd du hast zwölff bekommen dir

Lucius der Jüngling spricht.

Auff glauben Vatter ich hab mir
Getrewe Freunde ausserwelt   [XLᵈ]
Vertrawlich mich zu jn gesellt
Die mir dienstlich gutwillig sein
100 Sie giengen in ein Fewer nein
Zu mir / ich glaub auch in der not
Sie litten gar für mich den Todt
Sie thun als was mein hertz begert

Lucianus der Vatter spricht.

Mein Son hast du dein Freund bewert
105 Auff das nit Heuchler drunter sein
Die sich mit schmeichlen flechten ein
Das dus für ware Freundt auff nimbst

Lucius spricht.

Mein lieber Vatter du bestimbst
Von Freunden mir ein frembde sach
110 Dem hab ich nie getrachtet nach
Sonder wer eim wont freundtlich bey
Derselb sein warer Freundt auch sey
So hab ich mir gedacht allzeyt

Lucianus der Vatter spricht.

O es ist grosser vnterscheidt
115 Zwischen dem Freundt vnd dem heuchler
Darumb far hin dein freundt bewer
Darnach sie erst rhümb preyß vnd lob

Lucius der Jüngling spricht.

Was haben die Freund für ein prob

Lucianus der Vatter spricht.

Wie man im Fewr probiert das Goldt
120 Also in not probiren solt
Den waren Freundt spricht Salomon

Lucius der Jüngling spricht.

Wie solt ich das denn fahen on
Das mein Freundt auch probieret würn
Das mich kein Heuchler thet verfürn   [XLIᵃ]

Lucianus der Vatter spricht.

125 Mein Son so volg du meinem Rhat
Stich ein Kalb heint zu Abendt spat
Vnd mach sehr bluttig einen Sack
Faß das Kalb drinn auff deinen nack
Vnd such mit deine Freunde heim
130 Vnd bitt sie gar in grosser gheim
Du habest einen Mann erschlagen
Den thust in dem Sack mit dir tragen
Das sie dir helffn begraben den
Vnd welcher dir denn bey thut sten
135 Nimbt dich an mit dem Todten dein
Der wird ein warer Freunde sein
Auff den magstu du dich wol verlassen

Lucius der Jüngling spricht.

Vatter ich folg dir aller massen
Ich geh vnd ehe die Nacht verscheint
140 Wil ich sie all probiren heint

Lucius geht ab/
so kombt der halb Freundt

Lucianus spricht.

Heil mein Freundt/wo so eilend her

Der halb Freundt spricht.

Schaw find ich dich da on gefer
Ich wolt dich gleich suchen zu Hauß

Lucianus spricht.

Was wiltu mein/Sag bald herauß

Der halb Freundt spricht.

145 Ich wolt verheyratn die Tochter mein
Bitt wöllest ein Heyratsman sein

Lucianus beut jm die Hand S.

Ey gern/ich wünsch dir glück darzu

Der halb Freundt spricht. [XLI^b]

Kumb das ich dich berichten thu
Alle fürschleg in disen sachen
150 Wie wir die Heyrat wöllen machen

Sie gehn beide ab.

Coridus der heuchler komt spricht

Ich thet mich lang am Marckt vmb drehē

Hab mich nach meim Lutzen vmb gsehen
Ob er mich mit jm fürt zu Hauß
Ich henck er sey geritten auß
155 Mir wird heint lauffn ein Spulen ler
Botz angst dort zeucht mein Freundt daher
Er tregt etwas / ich thu gedencken
Er wöll ins hauß mir etwas schencken

Lucius kombt mit dem Sack S.

O guter Freund ich komb zu dir
160 Bit wöllest sein behülflich mir
In meiner aller grösten not
Hilff mich erretten von dem Todt

Coridus der Heuchler spricht.

Was ists mein Luci / Thu mirs sagen

Lucius der Jüngling spricht.

Ach ich hab leidr ein Mann erschlagen
165 Ich bit dich auffs höchst vberauß
Hilff mirn begraben in deim Hauß
Das ich daruon werd loß vnd quit

Coridus der Heuchler spricht.

Mein Luci das thu ich gar nit
Ich thu in solch gfahr mich nit geben
170 Es kostet mir sambt dir das leben
Nach des Königs strengem Gebot

Lucius hebt beid Hendt auff / S.

Ach mein Freundt ich bit dich durch Gott
Weil ich auff trew zu dir hab bracht   [XLIᶜ]
Den Todtn / so herberg jn die Nacht

175 So wil ich jn eh es wil tagen
 Morgen nauß in das Waſſer tragen

Coridus der Heuchler ſpricht.

 Ich wils nit thun / trag bald hinauß
 Den Todten wider auß meim Hauß
 Ich wil mit ᴠnbekümmert ſein

Lucius der Jüngling ſpricht.

180 Ach iſt denn ſolchs die Freundſchafft dein
 Die du mir offt ᴠerſprochen haſt
 Wenn du warſt in meim Hauß ein gaſt
 In lieb ᴠnd leid wolſt ſein ᴠngſchiden

Coridus der Heuchler ſpricht.

 Nimb den Todten laß mich zu friden
185 Trag jn eim andern Freunde zu

Lucius der Jüngling ſpricht.

 So bit ich mein Freundt das doch du
 Mein Todten in deim Hauß laſt liegen
 Ein halbe ſtund ſtill ᴠnd verſchwigen
 Biß ich ein andern Freundt mag haben
190 Der mir den Todten helff begraben

Coridus ſpricht zornig.

 Was darff es ᴠil ᴠnnützer wort
 Weil du haſt ſelber thun das Mordt
 So ſchaw du drauff geh bald hinauß
 Mit deinem Todten auß dem Hauß
195 Pack dich nur bald das rhat ich dir
 Du finſt kein Eppelein an mir

Coridus geht ab/Lucius nimbt
den Sack vnnd spricht

Nun wil ich gehn zu Medio
Mein Freundt auch beweren also
Wil da anklopffen an seim Hauß   [XLIᵈ]
200   Sich da geht er gleich selbs herauß

Medius kombt vnd spricht.

Wann her so spat in diser nacht

Lucius spricht.

Die groß not hat mich hieher bracht
Als zu dem besten Freunde mein

Medius der schmeichler spricht.

O Freundt was mag die vrsach sein

Lucius der Jüngling spricht.

205   Ach ich hab einen Mann erschlagen
Den thu ich in dem Sack hie tragen
Wölst mir den graben in dein Hof
Den Schergen ich kaum mit entloff
O wie kaum bin ich jn entgangen

Medius spricht.

210   Mein Luci was hast angefangen
Ich kan dich gar nit mit herbergen
Wann ich künt den Mann nit verbergen
Ich hab ein grosses haußgesind
Von Knecht Mägd auch Weib vnd kind
215   Durch die das Mord würd brechen auß
Drumb trag den Todten bald hinauß
Trag jn etwan beim Vatter heim

Lucius hebt sein Hend auff S.

Zu dir hab ich in grossem gheim
In der not mein einig zuflucht
220 Weil du mich auch hast heimgesucht
In deiner not / vnd ich halff dir
Mit Gelt da du verhiessest mir
In nötten mir auch bey zu stan

Medius spricht.

Es ist wol war / aber ich kan
225 Mein leben drumb int schantz nit schlagen
Drumb thu dein Todten auß hin tragen [XLIIa]
Solt ich deint halb halten ein Bock
Das Hembd ist neher dann der Rock
Mit Gelt ich dich wider bezal

Lucius der Füngling spricht.

230 Dein schuld schenck ich dir allzumal
Vnd grab mir ein den todten Man

Medius der schmeichler spricht.

Trag hin / hörst nit ich wils nit thun
Oder ich würff dirn för die thür

Lucius der Füngling spricht.

O mein Freundt erst merck ich vnd spür
235 Das vnser Freundtschafft hat ein loch
Weliche du offt rhümest hoch
Itz merck ich meinr freundtschafft du nicht gerst
Weil du in not mich nit gewerst
Sonder wolst lieber mit mir balgen

Medius spricht zornig.

240 Du brechst mich gern mit dir an Galgen

Ich acht mich solcher Freundtschafft nit
Fetsch dich vnd nimb dein Todten mit
Fluchs troll dich hast birs gut gemacht
So hastus gut/drauff hab du acht.

Lucius nimbt den sack/geht hin
vnd spricht.

245 Nun ich wil dir noch dencken dran

Medius der schmeichler spricht.

Ach zünd mir nur kein Weyer an

Coridus der heuchler kombt/
Medius

Wann her mein Coride so spat   [XLIIᵇ]

Coridus der heuchler schreit.

Ey hör ein wunder seltzam that
Lucius hat ein Mann erschlagen
250 Hat den in eim Sack zu mir tragen
Ich solt den in meim Hauß begraben
Ich ließ jn wol Sanct Veltin haben
Er ist ein Jung gehzornig Man
Fieng vnser viern gnug vnglücks an
255 Ich hab jn mit gestöbert auß

Medius der schmeichler spricht.

Er ist auch kommen für mein Hauß
Ich hab jn auch mit außgejagt
Sein freundschafft hat er mir auffgsagt
Da ligt nichts an ich muß sein lachen
260 Wann mich dunckt er hab schier auß bachen
So würd ich an deß von jm fliehen

Er hat mir wol offt Gelt gelihen
Dacht jm doch nie nichts widr zu geben
Weil er kein Bürgschafft hat darneben
265 Wil ich jm dafür laugen fein
Ich kunt vmb sonst sein Narr nit sein
Bin lang gewest sein drüppelknecht
Auff alle Sättel jm gerecht
Ob ich gleich gelt entlehet hab
270 Schlag er eins gen dem andern ab
Wie denn jetzt ist der freuntschafft brauch

Coridus der heuchler spricht.

Die selbig rechnung mach ich auch
Hat er mirs wol zu Tisch erbotten
So hab ich darfür seltzam zotten
275 Gerissen mit kurtzweiling sachen
Frölich vnd gutter ding jn machen
Wil drumb seint halb mein leib nit wagen
Das ich mit rutten auß werd gschlagen
Wil er mich zu keim Freund nit han
280 So nimb ich einen andern an
Weil einer hat vnd gibet auß
Hat er an mir ein Freundt im hauß
Sein freuntschafft gieng mir nie von hertzen [XLIIᵒ]

Medius der schmeichler spricht.

Wie thust du mit der warheit schertzen
285 Mir ist wie dir/Morgen so wer
Wir von jm hören newe mer
Ein gute nacht geh leg dich nider

Coridus der Heuchler spricht.

Ich geh hin morgn komb wir zam wider
Da wöll wir weitter zwischn vns bedn
290 Von vnserm Couent Junckherrn redn

Sie gehn beyde ab.

Lucianus der alt kombt vnd S.

Wil gern hörn / was mein Son außricht
Mit sein Freunden mich antet nicht
Das Trew noch Freundschafft bey jn sey
Sonder betrug vnd schmeichlerey
295 Sonderlich sein freund Medius
Vnd auch deßgleichen Coridus
Die sich ich an für solche Leut
Die nur jr eigner nutz erfrewt
Dort kombt geleich mein Son herein

Lucius kombt mit dem sack S.

800 Ein guten abndt O Vatter mein
Wie hastu mir gesagt so war
Vnter all meinen freunden gar
Hab ich kein waren freund gefunden
Der sich in trew het vnterwunden
305 Helffen verbergen mir das mordt
Sie gaben mir all böse Wort
Vnd trieben mich gewaltig auß
Ein jeder sonder auß seim Hauß
Auß dem gar klerlichen erscheint
310 Das sie nur sind gewest Tisch Freundt
Die vmb mich schwermbten in dem glück
Im vnfall wendens mir den rück
Wil jr nun aller müssig gehn   [XLIIᵈ]

Lucianus der Vatter spricht.

Mein lieber Son thu auch hin gehn
315 Zu meinem halben Freund jn bit
Ich glaub er werd abschlagen nit
Dir hilff zu thun von meinet wegen

Ich bin jm je keins dienſts erlegen
Geh hin vnd klopff leyß bey jm an

Lucius ſpricht.

320 Ja Vatter ich wil es auch than
Es iſt heint auff der gaſſen ſtill

Lucianus geht ab.

Zu Bet ich mich gehn legen will

Lucius klopfft an.

Der halb Freund kombt S.

Wer klopfft an meinem Hauß ſo ſpat

Lucius der Jüngling ſpricht.

Amice ich dörfft hilff vnd rath
325 Ich bit geh eilend rauß zu mir

Der halb Freundt kombt vnd S.

Sich Luci biſt dus / was bricht dir
Iſt auch dein Vatter friſch vnd gſund

Lucius der Jüngling ſpricht.

Ach mein Amice in der ſtund
Hab ich leyder durch zornes bochen
330 Ein Man in meinem Hauß erſtochen
Den bring ich in dem ſack zu dir
Wölſt den helffen begraben mir
In deim Hauß da man jn nit ſucht
Zu dir allein hab ich zuflucht
335 Von wegen meines frommen Vatter
Dem du all mal warſt ein Wolthatter [XLIIIᵃ]
Des halt auch ob mir ſeinem Son

Der halb Freundt beut jm die Handt vnd spricht.

Jch wils von Hertzen geren thon
Wann ich mich jnnigklichen frew
340 Jhm zu beweisen lieb vnd trew
Gantz all gefahr vnauß geschlossen
Kumb rein ich hilff dir vnuerdrossen
Den Todten in mein Keller graben
Die finster Nacht zu hilff wir haben
345 Kumb eilend mit mir in mein Hauß
Das vns nit hörn die Wächter dauß
Lang du mir her den Todten Mann
So wil ich mit vor anhin gan
Du bist der stiegen nit bericht
350 Auff das du fallst in Keller nicht

Lucius spricht.

O Amice ich erkenn new
In dir der waren freundtschafft Trew
Gen meinem Vatter vnd gen mir
In gantzer warheit sag ich dir
355 Das ich niemandt ermördet han
In dem Sack ist kein todter Man
Sonder ein abgestochen Kalb
Das als hab ich thun deinet halb
Dein ware Freundtschafft zu bewern
360 Wies denn mein Vatter thet begern
Die hab ich funden zu der stund
Aber gleich durch die prob ich fund
All mein Freundt aller Freundschafft ler
O Amice drumb ich beger
365 Wöllst mich auch für ein Freundt auffnemen
Bit wölst mein Angsicht nit beschemen
Mit abschlahung der Freundtschafft dein

Von wegn des liebsten Vatter mein
Deins halben Freundts ist noch mein bit [XLIII^b]

Der halb Freundt beut jhm sein
Handt vnd beschleußt.

370 Mein lieber Luci warumb nit
Dein halber Freundt wil ich auch sein
Von wegn des lieben Vatter dein
Doch solt du nach meim rhate than
Fort aller Heuchler müssig gan
375 Sie gönnen vnd thun dir nichts guts
Allein sie suchen jren nutz
Vnd dir dein gut schmeichlend absaugen
Falsch hinterruck vnd gut vor augen
Solch heuchler in der freuntschafft schein
380 Sind wol die ergsten Feinde dein
Wann all dein thun vnd heimligkeit
Sie offenbaren mit der zeit
Derhalb sey fürsichtig vnd weiß
Vnd erwöl dir mit allem fleiß
385 Fromb erbar vnd Tugenthafft Leut
Der Freundtschafft dir dein hertz erfrewt
Von den hast hilff rhat trost vnd schutz
Von jn dir kommet alles guts
Salomon spricht Wol dem auff Erd
390 Ein trewer Freundt zu theile werd
Er sey vil köstlicher wann Gold
Den hab in ehren werd vnd hold
Auß dem dir alle wolfart wachs
Das wünschet vns allen Hans Sachs.

Die Person in das Spil.

Lucianus der Vatter   I
Lucius der Son   2

Coridus der Heuchler   3
Medius der Schmeichler   4
Der war halb Freundt.   5

Anno Salutis 1551. am 28.
Tag Augusti

[A 3, LVIᵃ]   **Faßnacht spiel mit 4 Personen**
Der gestolen Pachen.

Heintz Knol gehet ein redt wider
sich selb/vnd spricht

Er kopff thut mir so mechtig weh
Das ich kaum auff den füssen steh
Wann ich war nechten aber truncken
Das ich an wenden heim bin ghuncken
5   Ich bin die nacht heindt schier erdürst
Vnd wo nicht endt nemen die würst
Die Faßnacht sambt all den rohtsecken
Wirt mir mein kopff int leng nit klecken.

Cuntz Drol der ander Pawr
kumbt/vnd spricht

Ein guten morgen mein Heintz Knol.

Heintz Knol spricht.

10   Danck dir Gott mein nachtbaur C. Drol

Cuntz Drol spricht.

Du sichst gleich sam habst nit außgschlaffen

Heintz Knol spricht.

Ich zecht nechten mit vnserm Pfaffen
Gieng heim schier vmb den Hannen krat

Cuntz Drol spricht.

Ey lieber giengst du heim so spat.

Heintz Knol spricht   [LVI^b]

15 Ja/vnd war eben gar stůdtfol.

Cuntz Drol spricht.

Das selb glaub ich dir werlich wol
Hast jm sein grosse würst helffn essen
Hör lieber ich het schier vergessen
Weist du nit wie vor zweyen tagen
20 Herman Dol hat sein Saw geschlagen
Vier finger hoch mit speck durch spicket.

Heintz Knol spricht.

Hat er dir seiner würst geschicket

Cuntz Drol spricht.

Nein/vnd hab jm doch alle Jar
Geschicket meiner würst fürwar
25 Doch schickt er mir kein würst nie wider.

Heintz Knol spricht.

Er ist ein filtz das merckt ein jeder
Er ist einer der spinting flåden
Ich hab jn auch all Jar geladen
Vast zu allen meinen Seusecken
30 Vnd er hat mich nit lassen schmecken
Ein zipffel würst von seiner Saw

So filtzig ist er/karg vnd gnaw
Wurst wider wurst/das alt sprichwort
Hat er gar offt von mir gehort
35 Er lest abr red für ohren gehn.

Cuntz Drol spricht.

Wie wenn wir heindt zu nacht all zwen
Hülffen einander zu den sachen
Vnd stelen jm sein Schweinen bachen
Sein grosse karckheyt mit zu rechen.

Heintz Knol spricht.

40 Das selb hab ich auch wöllen sprechen   [LVIᶜ]
Wie wolt wirs aber greiffen ahn

Cuntz Drol spricht.

Da wolt ich selber zu jm gahn
Vnd bitten mir etwas zu leichen
Dieweil so mustu heimlich schleichen
45 In sein kammer hinden ins Hauß
Vnd jm ein bachen nemen auß
Dem schaff/da die Saw ligt im saltz
Vnd streich damit heim vnd behalts
Darmit wöllen wir zwen vns speissen.

Heintz Knol spricht.

50 Es solt vns wol der Teuffel bscheissen
Wenn er sollichs auff vns würt jnnen

Cuntz Drol spricht.

Wir wöllen wol ein sinn erfinnen
Das mans in einem schwang auffnem
Wenn es gleich für den Pfleger kem

55 Er ließ vns beid darumb nit hencken
Wann jm ist wol mit guten schwencken
Wie ers hilfft treiben obers Jar.

Heintz Knol spricht.

Ja mein Cuntz Drol das ist ye war
Der Pfleger weiß sein filzig art.

Cuntz Drol spricht.

60 So machen wir vns auff die fart
Auff heindt wenn man anzündt das Liecht.
Ich hoff wir wöllen fehlen nicht

Die zween gehen beide auß.

Herman Dol der karg Pawr geht
ein / vnd redt wider sich selb /
vnd spricht.

Nun hab ich ye ein feistes Schwein
Gestochen vnd gesalzen ein   [LVIᵈ]
65 Ich hab der Saw stets zu gestossen
Drumb hat sie ein Schmerlaib ein grossen
Jtzt erstlich wil ich mich betragen
Vnd der Schweinen knocken abnagen
Der Metzker hat sich nit wol bedacht
70 Die brodtwürst viel zu lang gemacht
Zwo hetn sich wol zu dreien gschickt
Hat den Sewsack zu vol gespickt
Het wol ersparet halben speck
Ich solt etlich würst schicken weck
75 Die nachtbawrn zu verehren mit
Ich wil thun samb versthe ichs nit
So hab ich die würst all zu gwin
Die sie mir heimschickten vorhin

Wil mein wúrst wol essen allein
80 So reich ich dester weiter nein
Mit meinen wúrsten in die fasten
Das fúget mir am aller basten.

Cuntz Drol geht ein vnd spricht.

Ein gutn abendt mein Herman Dol.

Herman Dol spricht.

Danck dir Gott mein lieber Cuntz Drol
85 Was wilt du das du kumbst so spadt.

Cuntz Drol spricht.

Mein Knecht mir heindt zerschlagen hat
An dem holtzhawen einen schlegel
Vnd ich hab am dreschen ein flegel
Zerschlagen / derhalben ich kumb
90 Auff das ich morgen wiederumb
Múg dreschen / vnd auch holtzhawen
Bit wölst mir leihen auff vertrawen
Ein holtzschlegl vnd ein flegel noch.

Herman Dol spricht.

Ja ich leich dirs / aber iedoch
95 Schaw das sie mir nit wern zerschlagen [LVIIa]
Schaff mirs wider in zweyen tagen
Ich kan jr lenger nit geraten

Cuntz Drol spricht.

Lieber laß ein bar wúrst vns braten
Laß michs versuchen wie sie schmecken
100 Ich sie es hangen vol wúrst all ecken.

Herman Dol spricht.

O ich darffs vor meim Weyb nit than
Sie legt mich drüß vnd peulen ahn
Ich verlür all ir huldt vnd gnadt.

Cuntz Drol spricht.

Es ist doch jetzt dein Weyb im Badt
105 Wer meinst ders deinem Weyb wolt sagē

Herman Dol spricht.

Sie hats gezelt vor zweyen tagen
Ich darff nit thun wider ir Regel
Kumb nimb den flegl vnd holtzschlegel.

Sie gehn beide ab.

Knol vnnd Cuntz Drol gehn ein/
Drol spricht.

Knol hast du den bachen erschnappet.

Heintz Knol spricht.

110 O ich wer schier worden erdappet
Ich hab jn tragen in mein Hauß.

Cuntz Drol spricht.

Wo wöl wir mit dem bachen nauß.

Heintz Knol spricht.

Wir wöllen zu dem Pfarrer tragen
Ich thet jm heut frü daruan sagen
115 Ach wie lacht sein der frölich Man
Er wil auch mit vns hangen ahn   [LVIIᵇ[
Er spricht/er wöl mit seiner kunst

Dem Herman machn ein bloben dunſt
Das er muß meinen ∂nuerholen
120 Er hab jm ſelb den bachen gſtolen
Schweig dort geht Herman Dol daher
Sicht gleych ſam hab geweinet ehr.

Herman Dol kumbt trawrig /
Heintz Knol ſpricht.

Wann her / wann her / in ſolchem trawrn

Herman Dol ſpricht.

Ach es ſteht ∂bel lieben nachtbawrn
125 Ich hab verloren heindt mein bachen

Cuntz Drol ſpricht.

Ach ich muß der aberweyß lachen
Ich glaub nit daſt jn habſt verlorn
Du heſt ſünſt baß darzu geſchworn

Herman Dol ſpricht.

Heindt die nacht mit verſchloßner thür
130 Vnd war auch noch der rigel für
Iſt mir mein bach woren geſtolen.

Cuntz Drol ſpricht.

Du haſt jn etwan ſelb verholen
Weil niemandt kúndt hat in dein Hauß
Haſt du jn ſelber tragen auß
135 Wirſt jn der Strigel Chriſten ſchencken

Herman Dol ſpricht.

O der wort thu nit mehr gedencken
Du bringſt mich ſunſt von meinen ſinnen

Ach helfft mir wiederumb gewinnen
Mein bachn / mich wirt der rit sunst bscheisen
140 Wie wirt mein Fraw mich schlagn vnd reisen
Sie hat mir trot wie einr feiste hennen

Heintz Knol spricht [LVIIᶜ]

Schaw da kumbt zu vns an den tennen
Der Pfarrer der kan wol darzw
Er geht vmb mit der schwartzen Kw

Der Pfarrer kumbt / vnnd spricht.

145 Jr Nachtbawrn was thût jr rahtschlagen

Herman Dol hebt sein hendt auff
vnnd spricht.

Ach lieber herr sol ich nit klagen
Jch hab in dieser nacht verlorn
Mein bachn ist mir gestolen worn
Jch bit euch hab ich ewer gunst
150 Jr wölt durch ewer schwartze kunst
Den bachen dieb nöten vnd zwingen
Mein bachen mir wider zu bringen.

Der Pfarrer spricht

Mein Herman das selb ich nit kan
Wil abr durch mein kunst zeygen ahn
155 Den Dieb der dir jn gstolen hat.

Herman Dol spricht

Herr das thût eh es wert zu spadt
Hab ich vrkundt von diesen dingen
Wil den bachen vom Dieb wol bringen
Es sey der Dieb gleych wer er wöl.

Der Pfarrer spricht

160 Wenn ich den Dieb anzeygen sól
So ist zu dieser kunst auch noht
Ein grüner Jngwer auff drey lot
Den leg ich auff ein platz alwegen
Sprich darob meiner bschwerung segen
165 Denn nimbt ein zehn jede Persan
Wer denn sein Jngwer niesen kan
Ohn bitterkeyt / der selbig ist
Des Diebstals quit loß in der frist   [LVIIᵈ]
Wem aber der Jngwer ob allen
170 Jm Mund wird bitter wie ein gallen
Der selbig ist der bachen Dieb
Mein Herman Dol ist es dir lieb
So wil ich dir die kunst zurichten
Jedoch so thu ich solchs mit nichten
175 Du gebst mir denn fünff batzen her
Als denn ich diese kunst bewer
Ob dein bach noch möcht werden dir.

Herman Dol spricht.

Jch hab warlich kein gelt bey mir
Mein Pfarrer / ich habs graben ein
180 Jm garten vor der Frawen mein
Jch wils außgrabn vnd bringen her
Die fünff batzen nach ewrm beger
Richt nur die kunst ein weilen zu.

Der Pfarrer spricht.

Fürder dich baldt herwider du
185 Vnd forder zammen die Nachtbawrn
Alhie her in die Kirchhoff mawrn
Das wirs auff dem gweichten probirn
Mir felet nicht mein Calculirn.

Herman Dol lauffet hin.

Heintz Knol spricht.

Mein Pfarrer wie geht die kunst zu.

Der Pfarrer legt die Ingwer auß
vnnd spricht.

190 Heintz Knol also must mercken du
Auff diese drey zehen hab acht
Die sindt mit zucker eingemacht
Die erst nimb ich für mein Persan
Vnd du Heintz nimb die andern ahn
195 Vnd du Euntz aber nimb die drit
Die zehen so ligt in der mit
Die muß der Herman nemen weck   [LVIIIᵃ]
Ist von Aloe vnd Huntzdreck
Gmacht/vnd mit zucker vberzogen
200 Darmit der Herman wirt betrogen
Mags nit nein essen/wirt mit diesem
Außspeyen klerlich vberwissen
Das er muß glauben vnuerholn
Er hab jm selb den bachen gstoln
205 Vnd geben seiner guten dirn
Als denn thut jn nur wol vexirn
Vnd thut euch ernstlich gehn jm steln
Darmit ob wir jn möchten feln
Vnd mit eim solchen schwank zu decken
210 Im einen gulden abzuschrecken
Den wolt wir zu dem bachn verzern
Stil schweigendt fein mit Gott vnd ehrn.

Heintz Knol spricht

Still/hör ietz kommet eilent der
Herman Doll dort gelauffen her.

Herman Doll kompt gibt
dem Pfarrher das Gelt vnd
spricht.

215 Herr Pfarher da sint die fünf Batzen .
Die ich thet auß der erden kratzen
Erfarbt jr mir den rechten Dieb
Fünff batzen noch darzu ich gieb
Thut mir der kunst mit fleysse pflegen.

Der Pfarrer nimbt den blatz mit
dem grünen Ingwer / vnd
spricht.

220 Nun hört mir zu den starcken segen
In Narribus phantastibus
Nequamque et in diebibus
Hanges in galgare Fane
Rabiquenagare pame
225 Nun setzt euch all zusammen nider
Da nembt nach einander ein jeder
Ein Ingwer zehn jr liebe Kindt   [LVIII ᵇ]
Welcher sein kewet vnd verschlindt
Der ist vnschuldig an dem bachen
230 Wellicher aber in sein rachen
Den grün Ingwer nit bringen kan
Derselb den Diebstahl hat gethan
Nun diese kunst frey zu probirn
Wil ich zum ersten mich burgirn.

Der Pfarrer ist ein Ingwer zehen.

Herman Dol spricht.

235 Mein Herr euch hab ichs vor nicht ziegen.

Heintz Knol spricht.

Sol ich die meinen laſſen liegen
Odr zeichſt mich auch des bachen dein.

Herman Doll spricht.

Nimb hin die Ingwer zehen fein
Dein vnſchuldt wird ſich in dem finden
240 Wenn du ſie kewſt / vnd thuſt verſchlindē

Heintz Knol iſt die jngwer zehen /
vnd spricht.

Itzt ſichſt das ich vnſchuldig bin.

Herman Dol spricht.

Cuntz nimb du auch die deinen hin.

Cuntz Drol spricht

Ich wils thun / bin ich abr vnſchuldig
Du wirſt mich machen vngeduldig
245 Das du mich thuſt des Diebſtals zehen.

Der Pfarrer spricht.

Ey man ſol vnſer keinen freyen
Das der gut Mañ hindern bachn kumb   [LVIIIᶜ]

Cuntz Drol nimbt sein jngwer /
iſſet den / vnd spricht.

Nun ſie du das ich auch bin frumb
Nun nimb du ſelbert auch die viert
250 Das dein frümkeyt auch werdt probiert.

Herman Doll greifft zu/vnnd
spricht.

Das wil ich vnerschrocken thun
Ich weyß mich wol vnschuldig dran.

Herman Dol würfft den Jngwer
im maul hin vnnd wider /
sicht sawr

Der Pfarrer spricht

Ich hoff der Dieb werdt sich baldt finden
Herman kann sein Jngwer nit schlinden.

Herman Dol speits als auß
vnnd spricht.

255 Er hat mirs maul so gar verbittert
    Mein gantzer leyb bidmet vnd zittert
    Vnd thut mirs waßr zun augn außtreiben
    Solt ich ein Dieb mein lebtag bleiben
    So wils nit nein/es muß als weck
260 Es schmeckt geleich wie ein Hundsdreck
    Es wil mir gleich zum Hertzen stechen
    Ich hab sorg ich muß mich kotzn vn̄ breche̅

Cuntz Drol greifft int wehr /
vnd spricht.

Ach du verheiter Bößewicht
    Was hast für ein spiel angericht
265 Stilstu dir selb dein bachen heudt
    Vnd zeichst darnach frumb Biederleudt
    Vnd tregst den bachen zu den kotzen
    Ich dörst dich wol mit meiner bloßen
    Hawn / das die Sunn durch dich müst scheinen. [LVII]

Heintz Knol feret vndter/vnnd
spricht.

270 Nein Cuntz das thu ich euch verneinen
Wir wöllen jn wol herter hawen
Wir wöllens sagen seiner Frawen
Er hab den bachn außtragen eben
Vnd den der Strigel Christen geben
275 Sie wirt jm wol den golter laufen
Vnd jm den groben bart erzaufen
Kein herter straff ich jm wünschen wil.

Herman Dol hebt beydt hendt auff
vnnd spricht.

O lieben Nachtbawrn schweyget stil
Vnd gebt die ding nit von mir auß
280 Ich dörfft fürwar nicht mehr zu Hauß
Wiewols war ist/ich kans nit laugen
Weils die kunst klar zeigt vnter augen
Hab mein tag gstolen mancherley
Ich war abr selb allmal darbey
285 Ich hab gestolen mir den bachen
Kan mich nit richten auß den sachen
Wie/wo vnd wenn ichs hab gethan
Vnd mich auch nit besinnen kan
Wenn ich der Christn den Bachn hab geben
290 Mein Fraw die würt es glauben eben
Wenn jr von Striegel Christen sagt
Darmit sie vbertag mich blagt
West sie erst das sin Bachen het
Die Hellisch martr sie mir ahn thet
295 Ich bit macht mir kein böse Eh.

Der Pfarrer spricht

Sein Eh ist vor böß ich versteh
Darumb so thut den sachen recht

Wiewol er vns alsam hat gschmecht
An vnsern ehrn / jedoch wöl wir
300 Das selbig als verzeyhen dir
Jedoch wirst du zu buß vns allen   [LIX ª]
Ein gulden deins gelts lassen fallen
Den wir vertrincken wenn vns dürst
Auch gieb darzu zweintzig brodt würst
305 Auff den vnmuht in frewdt zu leben.

Herman Dol spricht.

Ich wil euch gern zwen gulden geben
Doch mich der brodt würst ledig zelt
Darob mein Fraw so dückisch helt
Ich dörst jr keine rüren ahn
310 Nun ich wil nauß in garten gahn
Vnd die zwen gulden graben auß
Euch Pfarrer bringen in ewr Hauß
Vnd saget nur meimb Weyb verholn
Ein Dieb hab jr den Bachen gstoln
315 Sey zu dem Küfenster nein gstigen.

Der Pfarrer spricht.

Ge hin wir wöln all helffen liegen

Herman Dol laufft ab.

Der Pfarrer spricht.

Also muß man schuchen die Affen
Vnd die filtzingen geitzhels straffen
Die Wimmer muß man mit keiln kliebē
320 Jr lebtag sie sunst Wimmer blieben
Die schantz ist vns nur wol geraten
Nun kumbt so wöl wir siedn vnd braten
Vnd von dem kargen Pawren zechen
West ers / jm möcht sein Hertz zerbrechen
325 Nun wöl wir trincken guten Wein

Vnd mit einander frölich sein
Im Pfarrhoff / biß es heindt wil tagen
Den Herman laſſn an knocken nagen
Weil er ſeins guts ſelb nit genewſt
330 Vnd es vergrebet vnd beſchleuſt
So hat er vns das gelt eingraben
Ein ſparer muß ein zerer haben   [LIX b]
Daß der geltſack zu groß nit wachs
Bey kargen Leuten / wünſcht H. Sachs.

Die Perſon inn das Spiel

Herr Hans Pfarrer	1
Herman Doll der karg Pawr	2
Heintz Knol der Pawr	3
Cuntz Drol der Pawr	4

Anno M. D. LII Jar.
Am ſechſten Tag
Decembris

[A 3, 3, LXXIII b]   ### Faßnacht ſpiel
Mit 9. Perſonen /
Der Ewlenſpiegel mit den
blinden.

Ewlenſpiegel tribt ein /
vnnd ſpricht.

Ewlenſpiegel bin ich genandt
   Im gantzen teudtſchlandt wolbekandt
Mit meiner ſchalckheyt vmbadumb
Bin ich gar ſchwindt wo ich hin kumb

5 Vnd wo ich ſol frü oder ſpadt
  Auß eim Dorff oder einer Stadt
  Da ich kein ſchalckeyt hab geübet
  Bin ich von Hertzen des betrübet
  Wie mir zu Egelßheim an gfer
10 Geſchehen iſt/dort gehn daher
  Drey blindt/denn wil ich verheiſſen eben
  Ein Thaler zu einr zerung geben
  So werden ſie denn an dem endt
  All drey auffhalten jre hendt
15 Ich gieb in aber nichts darein
  Denn meinens all drey in gemein
  Jeder der ander hab das gelt
  So habens denn all drey gefelt
  Auff das ich nit gar wiederumb
20 Ohn ſchalckeyt von Egelßheimb kumb.

Die drey blinden hangen an ein=
ander/gehen daher/Ewlen=
ſpiegel ſpricht.   [LXXIIIᶜ]

  Wo nauß/wo nauß/ir blinden Leut
  Wie Leichnam grim kalt iſt es heudt
  Ich hab ein merdren Schauben ahn
  Vor froſt doch kaumb beleiben kan
25 Nicht wunder wehr jr erfrürt glat
  Weyl jr anhabt ſo ringe waht
  Jr ſolt daheim bleiben zu Hauß.

Lörl der erſt blindt ſpricht.

  O lieber Herr wir müſſn wol nauß
  Die narung ſuchen wo wirs finden
30 Vnd beteln mit Weyb vnd mit Kinden
  Es ſey gleych Winter oder Summer.

Lübl der ander blindt spricht.

Vnd darzu leyden grossen kummer
Wo wir hin kummen sindt wir veracht
Die Pawren sindt gar vngeschlacht
35 Vnwirs von Heusern weysen dundt
Auch falln vns ahn die Pawren Hundt
Dergleych peinign vns die haderleuß
Vnser brodt essen vns die Meuß
Wo wir nachts liegen in dem stro
40 Noch sey wir des von Hertzen fro.

Ewlenspiegel spricht.

So geht nein betteln in die Stadt.

Liendl der drit blindt spricht.

Da man vns noch vnwerder hat
Man helt vns darinn für verrehter
Für Mordtbrenner vnd vbeltheter
45 Man schilt vns auch Dieb vñ Bößwichter
Auch fahen vns die Vettelrichter
Vnd legen vns in bettel stock
Sie nemen vns mantel vnd rock
Vnd blagen wol vns blinden armen.

Ewlenspiegel spricht [LXXIIIᵈ]

50 Jr thut im Hertzen mich erbarmen
Da wil ich euch ein thaler schencken
Vnd thut gehn Egelßheim nein lencken
Verzert den beim Hans Wirdt darnach
Biß die kelt laß ein wenig nach
55 Das jr denn wiederumb mügt wandern
Von einem Dorffe zu dem andern
Suchen ewer hardtselig brodt.

Die blinden halten alle drey die
henbt auff / Ewlensspiegel gibt
jn aber nichts / Lörl
spricht.

Ey lieber Juncker danck euch Gott
Der zal euch das in jener Welt
60 Wir drey warn nie so reych an gelt
Nun wöllen wir schleichen in kheim
Zu dem Hans Wirdt gehn Egelßheim
Wir sindt vor mehr gewessen drin.

Ewlenspiegel spricht.

Albe glück zu / so geht dahin.

Sie gehen alle vier ab.

Hans Wirdt geht mit seim Weyb
ein / vnd spricht.

65 Alta die wirdtschafft wil werdn spröbt
Vnser Hauß ist von gesten ödt
Wir müssn schier essen mit der Katzen
Wo wöl wirn zinst zusammen kratzen
Vnd darzu dem Pfleger die stewr.

Die Wirtin spricht.

70 Auch ist die Gersten leychnam thewr
Wie wöl wir hewer bierbrewen.

Hans Wirdt spricht.   [LXXIIII a]

Ja mein liebs Weyb / bey meinen trewen
Nicht wunder wer als ich vermein
Das einr vor sorg sprüng zu eim stein
75 Vnd wo es lang also würdt bleiben
So kündt wir nit lang wirtschafft dreibē
Die Saw würt vns den zapffn hin trage.

Die Wirtin spricht.

Ach mein Mann wir wölln nit verzagen
Hab wir doch weder kegl noch Kinder
80 Schaw lieber Mann dort kummn drey blinder
Zu vns herein vber das felt.

Hans Wirdt spricht.

Die blinden haben selten gelt
Sie bleiben mir gleych so mehr dauß.

Die Wirtin spricht.

Sie gehn geleich in vnser Hauß
85 Ich hoff sie bringen glück vnd heil
Vnd aller Seligkeyt ein deil.

Die blinden kummē Lörl stopffet
mit seim stecken/vnnd spricht.

Hoscha hoscha sitzt Hans Wirt hinnen.

Hans Wirdt spricht.

Ja kumbt rein/hie wert jr jn sinnen.

Lüdl der ander blindt spricht.

Mein wirt/Gott laß mit frewd dich lebē
90 Ein reycher Juncker hat vns geben
Ein Taler sollen wir mit ehren
Bey dir in deinem Hauß verzeren
Ob dieweil nemb die kelt ein endt.

Hans Wirdt spricht.

Kumbt herein/Lieb gest mir das sendt
95 Ich hab gleich gester gschlagn ein schwein   [LXXIIII^b]

So müſt jr eſſn der würſte mein
Wil euch anſtechn ein Thunna bier
Setzt euch wir wöllen eſſen ſchier
Geh heiß ein das die ſtubn thu ſchwermē,
100 Das ſich die froſting geſt thun wermen
Auff das ſie darnach mügen trincken
Vnd darnach zu dem behte hincken
Stelt euch zum offn vnd wermet euch
Jr dürfft vor niemandt haben ſcheuch.

Wirdt vnd Wirtin gehen auß.

Lörl der erſt blindt ſpricht.

105 Jr lieben gſeln da iſt gut ſein
Wol warm hat man geheitzet ein
Da wöl wir vns legen int würſt
Vnd bier ſauffen dieweil vns dürſt
Vnſer armut hab wir verlorn.

Lübl der ander blindt ſpricht.

110 Es iſt vns lang ſo gut nie worn
Gott laß vns dieſen Junckern leben
Der vns den Taler hat gegeben
Auß milter handt vns thet vergünnen
Hat etwan viel gelts ob ſpiel gwünnen
115 Wir wern des Talers ſunſt ein gaſt.

Liendl der drit blindt ſpricht.

Bey dem Wirt wöl wir haben raſt
Mich dünckt er ſey ein guter Man
Er hat vns je noch gütlich than
Vnd wenn der Taler iſt verzert
120 Mach wir vns wider auff die fert
Vnd ſtoſen tPawrenHeuſer vmb
Wer vns nit gibt dem ſelbn erkrumb

Sein maul/vnd darzu hendt vnd füß
Biß er zu letzt vns geben müß.

Der Wirdt kumbt mit der kerben [LXXIIIIᶜ]
vnd spricht.

125 Jr brůdr/jr brůdr/jr thut lang zechen
Wir wölln ein mal zalen vnd rechen
Jr seidt gleich schuldig 22. groschen
Jr wert gar bald habn gar außdroschen
Weñ jr noch macht zwo Kandel ler
130 Wer hat den Taler/lang jn her.

Lörl der erst blindt spricht.

Den Taler haben mein zwen gsellen.

Lůdl der ander blindt spricht.

Der Juncker thet mirn nit zu stelen.

Liendl der drit blindt spricht.

So hab ich jn auch werlich nit.

Lörl der erst blindt spricht.

Das wers hertzleidt vnd der jarrit
135 Hab ich jn je auch nit empfangen.

Liendl der drit blindt spricht.

Du leugst/vnd das du werst erhangen
Du hast den Taler allers alten
Du wolst jn dir heimlich behalten.

Lůdl der ander blindt spricht.

Jch glaub je auch du werst jn haben.

Lörl der erſt blindt ſpricht.

140 Jr ſeit mir zwen der naſſen knaben
Jr ſeidt gewonet alle zwen
Vnd tragt mit euch was nit wil gehn
Wo jr ſchleicht in die Pawren heuſer.

Lübl der ander blindt ſpricht.

Du biſt mir ein rechter dockmeüſer
145 Wirdt fait den ahn / der iſt der recht
Heiſt zaln was wir haben verzecht
Zehl vns zwen quidt / ledig vnd frey.   [LXXIIII ᵈ]

Der Wirdt ſelt ſie all drey ahn /
vnd ſpricht.

Jch wil euch einſperren all drey
Jm Hoff dauß in meinem Sewſtal
150 Biß das man mir die vrten zal
Jr beſcheyſſet doch Leub vnd Landt.

Lörl der erſt blindt ſpricht.

Hab wir je weder gelt noch pfandt.

Der Wirdt ſtöſt ſie zur ſtuben hin=
auß / vnd ſpricht.

Flux geht in Sewſtal auß der ſtuben
Jr erlöſen ſchelck vnd ſpitzbuben.

Er fürt die blinden ab.

Die Wirtin geht ein / vnnd ſpricht.

155 Botz leichnam angſt wo ſol ich finden
Die zalung von dieſen drey blinden
Ach meiner würſt vnd Schweinen bratē

Ich dacht ich wer mit jn beraten
So hat mich wol der Teuffel bschiffen.

Hans Wirdt kumbt/spricht

160 Du solt es zwar vorhin wol wissen
Das die blinden kein gelt nit hetten.

Die Wirtin spricht.

Weil sie sich aber rüemen theten
Eins Talers dacht ich jm wer also.

Der Wirdt spricht.

Ich aber war jr nit sehr fro
165 Mein Weyb raht wie wol wir jn than
Laß wirs so vnbezalt daruan
So rewdt mich essen vnd trinckn sehr
Bhalt ichs so fressen sie noch mehr
Sie habn je weder gelt noch pfandt,   [XXVᵃ]
170 Vol Leuß vnd flöh ist jr gewandt
Was sol wir vns lang mit jn balgen
Ich wolt sie wern am liechten galgen.

Die Wirtin spricht.

Schweig stil der blindn/dort kumbt ein gast
Du du vor mehr beherbergt hast

Ewlenspiegel tridt/ein vnd spricht.

175 Glück zu vmb herberg ich bit/mein Wirt.

Hans Wirdt spricht.

Ey leychnam gern/warumb das nit
Wenn ir wolt sein ein frummer gast.

Ewlenspiegel spricht.

Eya / mein Wirt sag an was hast.
Für gest hinden in dem Sewstal.

Hans Wirdt spricht.

180 Sol ich nit sagen von vnfal
Drey blindt zu mir ein keren theter
Sagten wie sie ein Taler hetten
Damit ein Herr sie thet verehrn
Den solten sie bey mir verzern
185 So schlembten sie nach betlers sit
Vnd het den Taler keiner nit
Da spert ich sie in den Sewstal
Biß das man mir die vrten zal
Odr wil ins schlagen von der heudt.

Ewlenspiegel spricht.

190 Ey was zeichst du die armen Leut
Das du sie in den Sewstal sperst
Vnd sie gleych wie eyn Hencker kerst
Du magst wol ein Jacobs wirt sein.

Hans Wirdt spricht.

Ich stoß aber keim kein becher ein
195 Wolt jm eh einen herauß nemen.   [LXXVᵇ]

Ewlenspiegel spricht.

Ey schweig vnd thu der red dich schemen
Hör Wirt wenn etwan einer hie
Köm her / vnd würdt ein bürg für sie
Wolst du die blinden ledig lassen.

Der wirdt spricht.

200 Freylich ließ ich sie gehn jr straffen
Ich bin jr nit sehr fro im Hauß

Ewlenspiegel spricht.

So wil ich selb gehn lauffen auß
Ob ich ein biederman vberkemb
Der sich der armen blinden annemb
205 Für sie zalt/auff das sie abschieden.

Der Wirdt spricht.

Geh hin ich bin sein wol zu frieden.

Sie gehn beid ab.

Der Pfaff tridt ein/vnnd
spricht.

Ich weiß nit wie ichs sol verstehn
Die Pawrn wöln nimbr gehn opffer gehn
Ich bin bey jn worden vnwerdt
210 Sie sindt hewer erger den fert
Da luden sie mich zun rotsecken
Hewr ließ mich keinr seiner würst schmecke
Weiß doch nichts das ich in hab than
Dort geht in Pfarhoff ein frembd Man
215 Ich wil than sam ich mein horas bet
Ob er ein presentz bringen thet.

Der Pfarrer schawt in sein Buch

Ewlenspiegel kumbt/vnd
spricht

O mein Herr Pfarrer/bona dies.

Der Pfarrer spricht.   [LXXVᶜ]

Beneueneritis semper quies.

Ewlenspiegel spricht.

Mein Herr ich lieg dort beim Hans Wirdt

220 Zu herberg / der selb dolisirt
Thut gleych sam sey er gar besessen
Thut weder schlaffen / trincken noch Essen
Er schreidt vnd wütet immerzw
Vnd lest im Hauß niemandt kein rw
225 Wir haben jn im Hauß dort vnden
Mit handtzwehelen in backdrog bunden
Drumb ist an euch der Wirtin bit
Jr wölt in noht sie lassen nit
Sonder jm helffen mit beschwern
230 Sie wil euch mit einer schenck verehrn
Das wider zu recht werdt jr Man

Der Pfarrer spricht.

Mein Freundt das wil ich geren than
Vnd das auffs lengst vber zwen tag
Das ich mich darzu schicken mag
235 Zu helffen jm mit allen dingen.

Ewlenspiegel spricht.

Mein Herr ich wil die Wirtin bringen
Auff das sie den trost hab von euch
Das jr jm helffen wolt ahn scheuch.

Ewlenspiegel geht ab.

Der Pfarrer redt wider sich selb /
vnd spricht.

Des Wirtes straff ist jetz auch kummen
240 Er hat die Leut sehr vbernummen
Viel wassers gossen vnters bier
Ein kandel offt angschrieben zwir
Hat mir auch offt vbel gemessen
Jetz hat jn der geitzteuffel bsessen

245 Die kelt iſt heut gar vngehewer
　　Ich muß ein wenig ſchürn das Fewer.　　[LXXVᵈ]

Der Pfarrer geht auß

Der Wirt geht ein mit ſeim weyb/
vnnd ſpricht.

　　Ich wil gern ſehen/ob zu den dingen
　　Der gaſt ein bürgen auff wirdt bringen
　　Dort kumbt er/lacht/iſt frewden vol
250 Ich hoff es ſthe die ſach recht wol.

Ewlenſpiegel kumbt/vnnd ſpricht.

　　Ich hab ein bürgen vberkummen
　　Der ſich der blinden hat angnummen
　　Der Pfarrer iſt willig darzu
　　Das er euch ſelbert helffen thu
255 Doch aber erſt nach zweyen tagen
　　Kumbt Wirtin hört jns ſelber ſagen.

Der Wirdt ſpricht.

　　Ja wol/geh zu dem Pfarrer mit
　　Zwen tag das iſt ein kurtze bit.

Sie drey gehen auß.

Der Pfarrer geht ein/vnd ſpricht.

　　Ich mag gleych heudt nit mer ſtudirn
260 Vergebens mir ſchwinden mein Hirn
　　Weyl die Pawrn nimr gen opffer gohn
　　Wil ich jn ſchlechte Predig thon
　　Das man des ſprichworts nit vergeß
　　Kupffer gelt/kupffer Seelmeß.

Ewlenspiegel kumbt mit der wir= tin/vnd spricht.

265 Herr Pfarrer da ist mein Wirtin
Sagt jr auch was euch ist zu sin.

Der Pfarrer spricht.

Ja vber ein tag oder zwen
So wil ich selbert zu euch gehn
Ewren Man helffn vnd ledig machen [LXXVIᵃ]
270 Des habt kein zweyffel in den sachen
Als frumb als ich ein Priester bin.

Ewlenspiegel neigt sich/spricht.

Habt danck/nun zieh wir frölich hin
Das jr euch der verlaßnen armen
So gutwilliglich wölt erbarmen.

Sie gehen beide ab.

Der Pfarrer spricht.

275 Mein Kellerin ist in der Stabt
Lang/doch nit viel zuschaffen hat
Ich fürcht sie thu im schalckfperg hawen
Ich muß gehn auff die straffen schawen

Der Pfaff geht ab.

Der Wirdt kumbt/vnd spricht.

Laß schawn ob der Pfarrer wöl löfen
280 Mit eim Taler die blinden böfen
Er ist ye sunst ein karger Hundt
Wie all Pawrn von jm sagen thundt
So er ein pfenning auß geben sol
So schawdt er jn vor dreymal wol.

Ewlenſpiegel kumbt mit der wirtin / vnd ſpricht.

285 Wirdt / baldt laß auß die armen blinden
So liegen in dem Sewſtal hinden
Der Pfarrer bey ſeim Prieſter ambt
Wil ſolchs außrichten alle ſambt
Euch helffen / Wirtin iſt nit war.

Die Wirtin ſpricht.

290 Ja vber zwen tag ſagt er klar
Wöl er dir helffen lieber Man.

Hans Wirdt ſpricht.

So kumb / laß wir die blinden gahn [LXXVIᵇ]
Dieweil ſie habn ein andern zaler
Der für ſie geben wil den Taler
295 Wie wern die ſchelck alſo fro ſein
Ich wiln gleich ſchenckn ein brentē wein.

Wirt vnnd Wirtin gehn auß

Ewlenſpigel ſpricht

Ich wil mich heben auß der drüpffen.
Weil ich thet an einander knüpffen
Den Wirdt vnde dieſen Dorffpfaffen
300 Hab ich gemachet beidt zu affen
Das ſie beidſam rumoren wern
Vmb den Thaler ich möchts hörn gern
Wils wol erfaren wenn ich wiederumb
In dieſes Dorff Egelsheim kumb
305 Auff das niemandt mein ſchalckeyt ſpür
Nimb ich vrlaub hinter der thür.

Ewlenſpiegel geht ab.

Der Pfaff kumbt / hat den stol am
halß / ein Buch vnd gerten in der
handt / vnd spricht

Ich wil zu richten mein beschwerung
Mir wirt werden ein gut verehrung
Vom Wirt wenn ich den Teuffl außtreib
310 Da wil mich holen gleych sein Weyb.

Die Wirtin kumbt / vnnd spricht.

Herr Pfarrer mein Man schickt mich her
Ir solt mir geben den Taler
Wie jr denn habt verheissen mir.

Der Pfarrer spricht.

Ey welchen Taler saget jr.

Die Wirtin spricht.

315 Ey den Taler für die drey blinden. [LXXVIᶜ]

Der Pfaff spricht.

Ewrem Mann thut sein Hiren schwinden
Erst merck ich das er ist besessen
Ich wil jetzundt vor suppen essen
Wil darnach kummen jn beschwern.

Die Wirtin spricht.

320 Mein Mann wirt euch wol zalen lern
Wie jr mir verhiest vor zwey tagen
Jetzundt thut jr ein anders sagen
Mein Man sey vnsinnig vnd bsessen
Habt jr ewr zusagung vergessen
325 Wölt jr ewr maul machn zu einer taschen.

Der Pfaff spricht.

Du haſt gar viel hoſen zu waſchen
Merck an deiner red vnd geber
Du lauffſt alſo ſchlaff truncken her
Es hat dir ſolchs heindt traumbt von mir.

Die Wirtin ſpricht.

330   Ich wil mein Man ſchicken zu dir
Der ſol dich vmb dein vnzucht ſtraffen
Allers loſen verlogen Pfaffen.

Sie laufft hin / der Pfaff ſpricht.

Ich glaub die Wirtin ſey auch winnig
Bſeſſen / zerrüt vnd gar vnſinnig
335   Weil ſie mich ſchmecht / vmb ſchuldt anklagt
Vnd mir von einem Taler ſagt
Vnd dreien blindn in einer ſumb
So weyß ich ye kein wort darumb.

Der Wirt kumpt mit eim ſchwein=
ſpieß / vnnd ſpricht.

Pfaff gieb den Taler mir herauß
340   Warumb entbeutſt mir in mein Hauß
Ich ſey bſeſſn / du wölſt mich beſchwern   [LXXVIᵈ]
Vnd ſchmechſt mich vnnd mein Weyb an ern
Zal mich nur baldt / oder ich wil
Mit dir anheben ein anders ſpiel
345   Allers heiloſn / verlogen Mans

Der Pfaff ſpricht

Ey ſey gſegnet mein Nachtbawr Hans
Der wütig Teuffel redt auß dir
Wil ein Taler haben von mir
Leg hin dein ſpieß / ich wil dich beſchwern.

Der Wirdt ſpricht.

350 Gieb was die blinden thetn verzern
Bhalt dir dein bſchwerung vnd dein ſegen
Solch geſpöt treiben allewegen
Die verlogen vnd böſen zaler
Pfaff gieb mir nur baldt her den Taler
355 Oder ich ſtoß mein ſpieß in dich.

Der Pfaff ſchreidt / vnd ſpricht.

Zetter / waffen / helfft retten mich
Jr lieben Nachtbawrn / mein Heintz Bierdopff
Vnd du mein gefatter Dolhopff.

Die Bawrn kummen geloſſen /
Bierdopff ſpricht.

Was da / was iſt das für ein ſtrauß
360 Was machſt dem Pfarrer in ſeim Hauß.

Der Pfaff ſpricht.

Ach Hans Wirt iſt beſeſſen worn
Kumbt in Pfarrhoff vnd wil rumorn
Wil mir nur ein Taler abnöten
Vnd troet mich da gar zu tödten
365 Vnd bin jm doch kein pfenning ſchuldig.

Blein Dolhopff ſpricht.

Ach Hans Wirt ſey nit vngeduldig
Ich ſie fürwar wol was dir bricht [LXXVIIᵃ]
Der Teuffel dir auß dein augen ſicht
Ey laß dich den nit alſo reitten
370 Vnd laß dirs abhelfen bey zeyten
Eh der böß Geyſt bey dir ein wurtz.

Hans Wirt spreist sich/vnd spricht.

Jch wil mein Taler haben kurtz
Es sag der Pfaff gleych was er wöl.

Heintz Bierdopff spricht.

     Ey Nachtbawr wenn man dir helffen sól
375 So laß farn solche Fantasey
Wir wöln mit dir heim gehn all drey
Das du nicht etwan thust ein schaden
Oder springst auß zum kammerladen
Oder falst etwan in ein brunnen
380 Jch merck du bist gar vnbesunnen
Das du so rúmorst in der Pfarr.

Der wirdt spricht.

Laß mich gehn/du bist selb ein Narr
Jch wil mein Thalr vom Pfaffen han.

Der Pfaff spricht.

     Geht fúrt jn hin vnd legt jn ahn
385 Kert euch nichts an sein wiederredt
Bindt in ein bachdrog jr all bedt
Den hartselig/besessen thummen
Jch wil auff der fart nach hin kummen
Vnd jm helffen des Teuffels ab
390 Durch mein beschwerung die ich hab.

Die zwen fúren jn mit gewalt da=
       hin/lasen jn zabeln vnnd
       schreyen.

Der Pfaff spricht.

Jch wil gehn die ruten einweichen
Dem wirt sein haudt gar wol durch streichen [LXXVII

Vnd mein beschwerung dazu sprechen
Im ist nit leychtlich ab zu brechen
395 Dieweil er den geitz Teuffel hat
Der schreibt nach Talern frü vnd spadt
Der Teuffel fert nicht geren auß
Wo er ein wurtzelt in eim Hauß
Ahn rue den Menschen er steht vbet
400 Auch ander Leut teglich betrübet
Vnd richtet ahn viel vngemachs
An allen orten / spricht Hans Sachs

Die Person inn das Spiel

Ewlenspiegel   1
Lörl der erst blindt   2
Lübl der ander blindt   3
Liendl der drit blindt   4
Hans Wirdt   5
Die Wirtin   6
Der Pfarrherr   7
Heintz Vierdopff   8
Bla Dolhoff   9

Anno M.D.LIII. Jar.
Am vierdten Tag
Septembris.

[A 3, 1, CCXLIIIª] **Ein Spiel**
mit 11. Perſonen/
wie Gott der Herr Adam vnnd
Eua jhre Kinder ſegnet.

Eua tridt ein/vnnd
ſpricht.

JCh bin das Armut/ſeligſt Weyb
Beyde an Seel vnnd auch an Leyb
Seit das ich folget an den orten
Den ſchmeichelhafften/ſüſſen worten
5 Der Helliſch/Sataniſchen Schlangen
Das ich im Paradeiß entpfangen
Hab/vnd aß die verbotten frucht
Das ich nun fort hin bin verflucht
Von Gott/vnd hab ſein gnad verlorn
10 Vnd bin auch außgetrieben worn
Vom Paradeiß/vnd muß auff Ern
Mit ſchmertzen meine Kindt gebern
Mich auch ducken vor meinem Man
Ach Gott/groß vbel hab ich than

Adam kummet mit ſeiner hawen/
vnd ſpricht.

15 Gruß dich Gott mein hertzliebes Weyb
Ich bin gantz müdt vnd mat von Leyb
Ich hab daus ghreüt vnd vmbgehawen
Das Erdtrich fruchtbarlich zu bawen
Gar nach dem Göttlichen geheiß
20 Das ich in meines Angſichts ſchweyß
Das hartſelich brodt hab zu eſſen
Wie biſt ſo trawrig auft thür gſeſſen   [CCXLIIIᵇ]
Mein liebes Weyb was leidt dir an.

Eua spricht.

Ach was fragstu mein lieber Man
25   Jch bin ein vrsach diser noht
Das wir essen hardtselig brodt
Als ich im fronen Paradeyß
Hab gessen die verbotten speyß
Dardurch lieg wir / auch nit dest minder
30   All vnser nachkummen vnd Kinder
Jn Gottes fluch vnd Vngenaden
Jn immer ewiglichem schaden
Vnterworffen dem ewing todt
Darein vns hat verstossen Gott
35   Derhalb mag ich auff diser Erden
Weil ich leb / nit mer frölich werden
Sonder in Weinen / Rew vnd klag.

Adam spricht.

Ach mein Eua nit gar verzag
Von eim Engel hab ich vernumen
40   Gott der Herr werdt heindt zu vns kumē
Vnd beschawen vnser Haußhalten
Vnd wie wir vnser Kinder walten
Wie wir sie leren / zaffen vnd ziehen.

Eua spricht

O mein Adam so wil ich fliehen
45   Wann ich fürcht jn so grawsam sehr.

Adam spricht.

Du solt jm zu lauffen viel mehr
Weil er zu vns wil kummen heindt
So ist er vns nit so gar feindt
Sonder begert vns noch zu bgnaden
50   Geh thu die Kinder butzn vnd baden

Strel jn/vnd schmück sie allesandt
Leg jn ahn jr Feyer gewandt
Kehr die stuben vnd strew ein graß   [CCXLIIIᶜ]
Das es hinnen schmeck dester baß
55 Wenn der Herr kumb zu vns herein.

Eua hebt jr hendt aufff/vnd s

Ach lob sey Gott dem Herren mein
Das er doch noch an vns gedencket
Weil wir doch sindt so dieff versencket
In Sünden vnd Ewigen todt
60 Weil aber vnser Herre Gott
Zu vns herkummen wil auß gnaden
So wil ich gehn die Kinder baden
Schmücken vnd nach ordnung her steln
Da sie den Herrn entpfangen söln
65 Vieleicht gibt er jn seinen segen
Der auff jn bleibet alle wegen
Nimbt sie gleich zu gnad wiederumb.

Adam spricht.

So geh hin/vnd baldt wider kumb.

Sie geht ab.

Adam hebt sein hendt auff vnd/
spricht.

Ach Herr Gott/du Himlischer Vatter
70 Du vnser einiger Woltater
Wie haben durch vnghorsam wir
Vns so hart versündet an dir
Daruon vns mancherley vnglück
Seit her kummet auff vnsern rück
75 Dieweil erst hat vor kurtzen tagen
Cain vnsern Abel erschlagen

Das ist vns auch ein hertzlich bschwer
Ach Gott sendt vns dein Heylandt her
Der vns auß deiner vngnad löst
80 Nach deim verheissen du vns tröst.

Eua kummet bringt vier Sön
vnnd spricht

Adam lieber Gemahel mein
Wie gfallen dir die Kindelein   [CCXLIII^d]
Hab ichs nit fein gestrichen rauß
Wenn Gott der Herr nun kumbt zu hauß
85 Ich hoff sie werden jm gefallen
Werdt von frendt wegen vns allen
Forthin dest genediger sein.

Adam spricht.

Eua lieber Gemahel mein
Ja ich laß mir sie auch gefallen
90 Ja das ist nur ein theil auß allen
Sag wo die andern Kinder sein
Das du sie nit auch fürst herein
Das jn der Herr auch geb den segen.

Eua spricht.

Ich hab es lassen vnterwegen
95 Es ist werlich das ander Kindig
Laussig / Zottet / Kretzig vnd Grindig
Högret / schlicket / vnkündt vnd grob
Schlüchtisch / Persset ohn alles lob
Zerissen / ein zapffete rott
100 Wo sie seh vnser Herre Gott
So müst ich mich der vor jm schemen
Darumb thet ichs nit herein nemen.

Adam spricht.

Wo hast diese Kinder hin than.

Eua spricht.

So wiß Adam mein lieber Man
105 Ich habs verstoffen in das Hey
Dausen im Stadel in die strey
Dergleichen jr eins teils auch schlaffen
Dauß hinterm herdt/vnd in dem offen
Der keines sol schlieffen herauß
110 Biß das der Herr kumb auß dem Hauß.

Adam spricht.

Hestus nur alle herein bracht   [CCXLIIIa]
Gott hat auff Leiplich schön kein acht
Sonder auff Zucht vnd Gottes Ehr
Ihr Kinder volget meiner Lehr
115 Wenn Gott der Herre kumbt herein
So ziecht ab ewre Schleplein fein
Vnd thut euch alle gen jhm neigen
Thut jhm all Reuerentz erzeigen
Biet jm die hende nach einander
120 Vnd entpfahet jn allesander
Denn kniet nider/legt die hendt zamb
Bett mit einander allesamb
So wirdt er euch den segen geben.

Set der gröst Son/s.

Ja lieber Vatter das wöl wir eben
125 Mit allem höchsten fleyß verbringen
Wie dus besilchst in allen dingen.

Der Herr tridt ein mit zweien Engeln vnd spricht

Der Fried sey euch jr Kinderlein.

Adam neigt sich/vnnd spricht.

O du Hymlischer Vatter mein
Dir sey ewig/ehr/preyß vnd lob
130 Das du vns arme Sünder grob
Heimsuchst/vnd vns verschmehest nicht
Weil wir durch vnser Sünd entwicht
Sindt nun gar kaumb wirdig vnd werdt
Das vns ertragen sol die Erdt
135 Vnd du Herr suchst vns selb zu Hauß.

Eua fellet auff die knie/vnd ſ.

Gantz vnaußsprechlich vberauß
Ist vnser missetat vnd schuldt
Weil wir theten wider dein huldt
Der du vns so miltreych hast geben
140 Vnser Seel/Leyb/Vernunfft vnd leben
Derhalb wert wir in dem gewissen
Geengst/gemartert vnd gebissen
Das wir schier gar verzweyffelt sein. [CCXLIIIIᵇ]

Der Herr spricht.

Seit getröst lieben Kinder mein
145 Ich bin von natur gnedig vnd gütig
Von grosser güte vnd langmütig
Bin ein Trost vnd ein Hilff der armen
Der sich vber euch thut erbarmen
Derhalben so thut nit verzagen
150 Halt euch nur fest an meim zusagen
Dein sam zerdreten wirt die Schlangen
Denn werdt jr gnad vnd heil erlangen
Vnd wirt euch ewer Sünd vergeben
Vnd werdet ewig mit mir Leben
155 Ein endt nemen all ewer klag.

Eua spricht.

O du Himlischer Vatter sag
Ist dieser Heylig samen rein
Eins vnter diesen Kinden mein
Der sol zertrettn das haubt der Schlangen.

Der Herr spricht.

160   Der Sam hat darin angefangen
Vnd solcher Samen der wirt wandern
Von einem Sone auff den andern
Biß kummen wirt zu seiner zeyt
Der gemeldt Sam gebenedeit
165   Der die Schlangen wirt vntertretten.

Der Herr went sich zun Kindern
vnnd spricht.

Ir Kinderlein sagt / kündt jr betten.

Eua spricht.

Ja lieber Herr sie künnens wol
Wilt du das man dir betten sol.

Die Kinder knien nider / Set der
elteſt / bett jn vor / vnd sie nach das
        Vatter vnser.   [CCXLIIIIᵉ]

Der Herr spricht.

Ir Kinderlein habt bettet recht
170   Durch euch wil ich Menschlich geschlecht
Mehrn / vnd erfüllen alle Landt
Vnzalbar wie des Meeres sandt
Biß an den Jüngsten tag alwegen.

Eua spricht.

Ach lieber Herr gieb jn dein segen
175 Eim jeglichen bsonder allein
Das sie darbey gedencken dein
Deiner lieb / trew vnd milten gůt
Auff das jr Hertz / Seel vnd gemůt
An dir hang / weil sie lebn auff erden
180 Sag jedem was auß jm sol werden.

Der Herr legt dem ersten die hend
auff sein Haubt / vnd spricht.

Eua ich wil geweren dich
Du solt werden auff Erdterich
Ein König gewaltig vnd mechtig
Herschen in deinem Reych gar brechtig
185 Solt Fürsten vnd Herrn vnter dir han
Darzu hab dir Zepter vnd Kron.

Legt dem andern die hendt auff
den kopff / vnnd spricht

Du Knab solt werdn ein Strenger Ritter
Vnd solt beschützen one zitter
Landt vnde Leut / Witwen vnd Waisen
190 Vor den Feinden / in Krieg vnd raisen
Schildt vnd Wapen fürst du auff erdt
Darzu nimb in dein handt das schwerdt.

Zum dritten spricht er.

Vnd du solt Burgermeister sein
Vnd ordinieren die Burger dein
195 Vnd handhaben gemeinen nutz
Straff das böß / vnd belon als guts
Recht vrteil am gerichte hab
Darzu nimb des gewaltes stab.   [CCXLIIII^d]

Der Herr spricht zum vierdten.

Vnd du solt werden ein Kauffman
200 Du solt sehr grosse Reychtumb han
Vnd solt bringen allerley war
Von eim Landt in das ander dar
Handel recht mit rechen vnd zeln
Darzu hab dir gewicht vnd eln.

Der Herr spricht zun Knaben.

205 Nun kumbt mit mir ins Paradeyß
Das ich euch den Lustgarten weyß
Auß dem ich Eua vnd Adam
Ewr Eltern vmb jr vnghorsam
Verstossen habe / auff das jr
210 Mich fürcht / vnd bleibet ghorsam mir
Mir glaubet Liebt vnd ehrt allein
So wil ich ewer Gott auch sein
Vnd ob euch fest halten mein handt
Das jeder bleib in seinem standt
215 Wie ich jm hab mein Segen geben
Forthin dieweil er hab sein Leben.

Eua spricht.

Ach lieber Herr laß vns auch mit.

Der Herr spricht.

O Eua es gezimbt dir nit
Zu gehn wider ins Paradeyß
220 Weyl du aßt die verbotten speiß.

Der Herr fürt die Kinder hin.

Eua spricht.

O mein Adam erst rewet mich
Das nit die andern Kinder ich

Gleych also zotet/vnd so schewßlich
Bucklet/vnlüftig vnd so grewßlich
225 Hab auch rein für den Herren bracht [CCXLVᵃ]
So het er auch groß Herrn drauß gmacht
Durch seinen reichen/milden segen.

Adam spricht.

Ich sagt vor/jm sey nichts dran glegen
Der Herr sech nit ahn die Perfon
230 Sonder wem er sein güte gon
Den selbigen den segnt er doch
Geh liebe Eua bring sie noch
Das er jn auch sein segen geb.

Eua spricht

Ja wils bringen so war ich Leb
235 Vnd wils gehn ziehen auß dem Hey
Auß dem Offen/vnd auß der strey
Mein Adam bleib ein weil zu Hauß
Ich wil fürwar nit lang sein auß
Kumbt der Herr wider an den orten
240 So haltn ein weil noch auff mit worten
Biß ich die andern Kinder bring.

Adam spricht.

Geh bring sie baldt/sey guter ding
Eil/ich sich dort her gehn von fern
Wider vnferen Gott vnd Herrn.

Eua gehet auß.

Der Herr gehet ein/vnnd
spricht

245 Adam/Adam/wo ift dein Weyb
Wiß daß ich nun nit lenger bleib

Die Sunn die wil schier gehn zu rast
Mit jrem hellen / liechten glast
Ich wil gehn Hymel wider von euch.

Adam spricht.

250 Ach lieber Herr ein klein verzeuch
Biß das mein Eua wieder kumb
Sie wirdt dir bringen noch ein sumb [CCXLV^b]
Kinder die sie mir hat geborn.

Der Herr spricht.

Ich bin dir vor zu willen worn
255 Wil noch verziehn ein kleine weil.

Adam laufft / vnnd spricht.

Ich wil gehn sagen das sie eil
Da kumbts gleich selber her gelauffen
Mit jrem rotzig lausing hauffen.

Eua kumbt mit vier Kinden / vnd
spricht

Ach lieber Herr ich bit dich hoch
260 Segn mir auch diese Kinder noch
Wie die vorigen aller massen.

Der Herr spricht.

Wo hast die Kinder vor gelassen
Sie mit den ersten nit hast bracht.

Eua spricht.

Ach lieber Herr ich hab gedacht
265 Von dir ich mit verspottet wer
Weil sie schlüchtisch gehen daher

Hogricht / schüchtet / zotet vnd kusig
Zapfet / zerriffen / bschlept vnd rusig
Thu auch dein gnad an jn besielen.

Der Herr spricht.

270 So laß sie nider knien vnd betten.

Eua spricht.

O lieber Herr sie künnens nit.

Der Herr spricht.

Ey was wilt du denn machen mit
Du bist mir ein heyloses Weyb
Zeuchst sie weder an Seel noch Leyb [CCXLVᶜ]
275 Sie wachssen auff wie siöck vnd blöck
Vngschickt vnd wildt wie Gemsen böck
Ahn all art vnd Menschliche zier
In eigen willen vnd begier
Die jren Schöpffer nit erkennen
280 Ahnrüffen / loben / Ehrn vnd nennen
Mit fürchten oder betten ahn
Wie künnen sie denn segen han.

Eua spricht.

Ach Herr ich hab der Kinder viel
Mit der zeyt ichs baß ziehen wil
285 Sie Geysilich vnd leiblich baß straffen
Müh vnd arbeit gibt mir zn schaffen
Vnd meinem Adam nicht best minder
Das wir vergessen offt der Kinder
Doch Herr ich beger deiner gnaden
290 Wölst jr einfalt nit laffen schaden
Vnd jn dein milten segen geben
Den ersten Kinden gleych vnd eben
Das ist mein hertzliches begern.

Der Herr spricht.

Nun ich wil dich der bit gewern
295 Die Kinder nichts laſſen entgelten
Du vnd dein Adam ſeit zu ſchelten
Das jr die Kindt nit ziehet mehr
Auff tugent Gottes / forcht vnd ehr
Wo man ſucht Gottes reych vor allen
300 Wirt das ander als wol zu fallen
Nun für dieſe Kinder auch her
Das jn von mir der ſegen wer.

Eua fürt die Kinder her

Der Herr leget eim die hendt auff
den kopff / vnnd ſpricht.

Nun du ſolt werden ein Schuſter
Dich neren mit leder vnd ſchmer
305 Vnd ſolt das Leder mit dein zenen [CCXLVᵈ]
Groß weit vnd breit hin vnd her denen
Darauß machen den Menſchen Schu
Da gieb ich dir ein laiſt darzu.

Eua kratzt ſich im kopff.

Der Herr ſpricht zum andern
Son.

Ein Weber ſolt werden nach Jarn
310 Vnd mit Leinen vnd wüllen garn
Solt tuch würcken zu Hem vnd röcken
Darmit die Menſchen ſich bedecken
Darzu hab dir die Webers ſchützen
Die ſolt du all dein lebtag nützen.

Der Herr legt dem dritten die hent
auff / vnnd ſpricht

315 Du aber ſolt ein Scheffer wern

Die Schaff folt melcken vnde fchern
Sie füren auft waidt fuß vnd gut
Vor Wölffen fie haben in hut
Vnd von jn machen keß vnd fchmaltz
320 Nimb die Hirten dafch vnd behaltz.

Der Herr fpricht zum vierdten
Son.

Du aber folt werden ein Bawr
Mit dem pflug vnd mit arbeit fawr
Solt ackern / pflantzen vnde Seen
Schneiden / drefchen / hayen vnd meen
325 Ernehren alle Menfchen gar
Dar zu gieb ich dir die pflug fchar.

Der Herr fpricht.

Nun feit jr auch gefertigt ab
Jeder hat fein fegen vnd gab
Darmit ich jn hie thu verehrn
330 Darmit fie fich auff erdt ernern.   [CCXLVIª]

Eua fpricht.

Ach lieber Herr von Hymelreych
Wie theilft dein fegn auß fo vngleych
Weil fie findt alle meine Kinder
Vnd ift ye keins mer oder minder
335 Mit meinem Adam Ehlich geborn
Wie das denn gehn findt Herren worn
Vnd diefe vier haft du veracht
Lauter armes Volck drauß gemacht
Schufter / Weber / Hirten vnd Pawren.

Der Herr fpricht.

340 Mein Eua das laß dich nit dauren
Wie ich anfihe ein Perfon

Also mach ich darauß ein Man
Nach dem er kan fürsthen eim ambt
Auff das auf erdt wert nichts versaumbt
345 Ich bin der Allmechtige Herr
Muß in der Welte weit vnd ferr
Ambtleut haben zu allen dingen
Das einr den andern hin kan bringen
Wenn sie all König vnd Fürsten wern
350 Burgermeister vnd groß Kauffherrn
Müsten ob einander verschmorn
Wer wolt jn bawn / treibt vnd Korn
Wer wolt jn Zimmern / bawn vnd bachē
Weben hossen vnd schuchmachen
355 Schmiden / drehen vnd ledergerben
Müntzen / scheren vnd tuch ferben
Dergleichen wenn der gmeine hauff
Kein Obrigkeyt het die jm sech drauff
Vnd sie fürsichtiglich regiert
360 Gmein nutz schützet vnd ordieniert
Vnd thet den bösen wiedersthen
Wie würt es vbr vnd vbergehn
Kein standt kan ahn den andern sein.

Eua spricht.

Ich glaubs wol lieber Herre mein   [CCXLVI^b]
365 Die Erstn abr lebn Herrischer art
Die Andern vier erbeiten hart
Vbel essen vnd hart ligen
Vor König / Adel vnd burger sich schmügē
Die habn gut kleider / tranck vñ speiß
370 Lust gerten wie das Paradeiß
Köstliche Heuser / sanffte beht
Wenn solchs der ander hauff auch het
So leg mir zwar nichtsen daran.

Der Herr spricht.

Eua du thuſt nit recht verſthan
375 Es iſt ein ſtandt gleich wie der ander
Sie ſindt müſelig alleſander
Köng / Ritter / Burger vnd Kauffman
Gleich wol gar kein Handtarbeit han
Doch vnter jrem bracht verborgen
380 Stecken ſehr groß müh / angſt vnd ſorgen
Von Krieg / Auffrhur vnd Rauberey
Kranckeyt vnd vnglücks mancherley
So ſich zu tregt im Regimendt
Des ſindt gefreidt die andern ſtendt
385 Haben kein ander ſorg nit mehr
Denn wie man Weib vnnd Kindt ernehr
Die handt arbeit iſt jn geſundt
Macht ſüſſen ſchlaff / nüchter vnd rundt
Jn iſt auch wolſchmach ſpeiß vnd tranck
390 Auch iſt jn die weil nit ſo lang
Zu arbeit ich den Menſchen klug
Beſchuff wie den Vogel zum flug
Drumb welcher Menſch im leſt genügen
An dem ſtandt / den ich jm thu fügen
395 Der hat genug bey all ſein Jarn
Nun ich wil wider gen Hymel farn
Zu aller Engeliſchen ſchar
Mein friedt euch ewiglich bewar.

Der Herr gehet ab. [CCXLVIᶜ]

Adam ſpricht.

O mein Eua laß vns forthan
400 Nach dem worte des Herren fron
Baß zihen vnſer Kinder mehr
Auff tugendt / Gottes forcht vnd Ehr
Du hörſt das er ſunſt nichts begert

Denn das jhn Menschlich gschlecht auff erdt
405 Im glaube vnd vertraw allein
Thu jn fürchten vnd gehorsam sein
Ahn rüff vnd ehre seinen Namen
So wil er vns des Weybes samen
Den gewenedeiten Heylandt
410 Schicken / welcher vns alle sandt
Abtilgen wirdt den ewing fluch
Vns kleyden in der vnschuldt tuch
Vnd werdt vns auch nach diesem leben
Ein ewig selig / Himlisch geben
415 Da ewig frewdt vns aufferwachs
Sambt Menschlichem gschlecht / spricht Hans
Sachs.

Die Person inn das Spiel

Gott der Herr	1
Adam	2
Eua	3
Set der elteſt gebutzt Son	4
Enoch der ander gebutzt Son	5
Machaleel der drit gebutzt Son	6
Kenam der vierdt gebutzt Son	7
Jared der erſt vngeschaffner Son	8
Methusala der ander	9
Lamach der drit	10
Noa der vierdt	11

Anno M. D. LIII. Jar
Am XXIII. Tag
Septembris.

Ein Faßnachtſpiel
Mit drey Perſonen.
Die Burgerin mit dem
Thumbherrn.

Die Mutter geht ein/redt mit jhr
ſelbſt vnd ſpricht:

JCh wil gleich in die Kirchen gahn
Ob ich mein Tochtr würd ſichtig an
Wann ich hab jr geſter nicht gſehen
Dort thut ſie ſich geleich her nehen.　[XIII^d]

Die Tochter kombt /Die Mutter
ſpricht:

5　Mein Tochter /einen guten Tag
Geb dir Gott /der all ding vermag
Ich hab geſtert nicht gſehen dich
Wie gehſt du her ſo ſchweiferlich
Sag /wie geht es dir in der Eh?

Die Tochter ſpricht:

10　O Mutter /es iſt angſt vnd weh
Du haſt mir gebn ein Mann vralt
Runtzelt /heßlich vnd vngeſtalt
So vnfreundlich wie ein hackſtock
Vnholdſelig wie ein Sewtrock
15　Ich wolt vnd daß er leg begraben
Ich kan vnd mag jn nicht lieb haben
Ich muß mir ein Bulſchafft annemen.

Die Mutter ſpricht:

O Tochter /der Red thu dich ſchemen
Ich vnd dein Vatter in der Eh

20 Haben gelitten wol vnd weh
Mit einander wol dreyſſig Jar
Keins gert deß andern wechſſel gar
Zu geben ſich in ſünd vnd ſchand.

Die Tochter ſpricht:

Ja Mutter / jr ſeyt beydeſand
25 Geweſen Jung / wie man ſpricht heut:
Gleich ſich mit ſeines gleichen frewt
Daſſelb iſt aber nicht bey mir.

Die Mutter ſpricht:

Ey liebe Tochter / ich hab dir
Geben ein frommen reichen alten
30 An dem ſo thu dich ehrlich halten
Von dem haſt du Ehr vnde Gut.   [XIIII ᵃ]

Ihr Tochter ſpricht:

Hab aber weder freud noch muth
Wie ander meins gleichen Jung Frawen
Darumb hab ich mich vmb thun ſchawen
35 Nach eim Bulen / der ſolchs vermag.

Die Mutter ſpricht:

O Hertzliebe Tochter / außſchlag
Solch dancken auß dem Hertzen dein
Welche dir ſpeyt der Teuffel ein
Sag / wen haſt du zum Buln erwehlt.

Ihr Tochter ſpricht:

40 Ein Thumherr zum Bulen mir gfellt
Bey ſanct Ruprecht in vnſerm Thumb.

Die Mutter gesegent sich/
vnd spricht:

Ach mein Tochter/sag mir warumb
Ein Pfaffn/Wenn ich je solchs wolt than
Wer mir lieber ein Edelmann
45 Dasselbig wer doch nit so schendlich.

Ihr Tochter spricht:

Den Pfaffen hab ich erwehlt endtlich
Der darff sich keiner Bulschafft rhümen
Hilfft mir die sach heymlich verblümen
Dasselbig thet kein Edlman nit.

Die Mutter spricht:

50 Hertzliebe Tochter ich dich bitt
Gib dich nit in solch sünd vnd schand
Mit dem Pfaffen/daß man im Land
Mit fingern zeygen müst auff dich.

Ihr Tochter spricht:

Bin doch allein kein solche ich
55 Wil auch mit listen wol versorgen
Mein Bulerey halten verborgen   [XIIII ᵇ]
Wils all mit gutem schein betriegen.

Die Mutter spricht:

Es bleibt kein Bulerey verschwiegen
Sie kommet mit der zeit an tag
60 Mit schand vnd spot/vnd Gottes plag
O Tochter schon doch daran mein
Vnd auch deß frommen Vatters dein
Vnd behalt dein Weibliche Ehr

Ihr Tochter spricht:

Schweyg nur / es hilfft kein straff nit mehr
65 Solt ich gleich leiden schand vnd spot
Den leibling vnd ewigen todt
So hab ich geben mich darein
Es kan vnd mag nit anderst sein
Darnach Mutter so richte dich.

Die Mutter spricht:

70 Mein liebe Tochter / so bitt ich
Weyl du je wilt solch vbel than
Wolst vor probieren deinen Mann
Durch ein stücklein zwey / oder drey
Ob er auch so gedultig sey
75 Daß er dir solches werd vertragen
Denn magst dus mit dem Pfaffen wagen
Daß dir dein Mañ solch dein Ehbrechen
Auch werd weder efern noch rechen
Wenn er dasselbig jnnen wer.

Ihr Tochter spricht:

80 Ach liebe Mutter / sag doch her
War mit ich jhn versuchen sol.

Die Mutter spricht:

Mein liebe Tochter / du weist wol
Dein Mann der hat in seinem Garten
Ein Feygenbaum / deß thut er warten
85 Mit fleiß / vnd schawt all tag darzu
So nimb ein Art / denselben thu   [XIIIIᶜ]
Abhawen / vnd würff jhn als denn
In Ofen / vnd zu Aschen brenn
Vnd thut er dich darumb nit schlagen

90 Möcht er als denn dir auch vertragen
Deinen Ehbruch vnd Bulerey.

Die Tochter spricht:

Ja / ich wil solches enden frey
Wil den nechsten in Garten gehn
Mit einer Axt abhawen den.

Die Tochter geht ab.

Die Mutter redt mit jhr
selbst / vnd spricht

95 Ach / ach / ich hab sehr vbel than
Daß ich jr gab den alten Mann
Nun weyl es aber ist geschehen
Muß ich mit höchstem fleiß fürsehen
Durch mittel / daß ich vnterkumb
100 Das vbl vnd sie bleib Ehren frumb.

Die Mutter geht ab.

Der alt reich Burger kombt /
vnd spricht:

Ich bin heut frü gewest allein
Drauß bey dem Feygenbaumen mein
Er steht wol / vnd hab auch versucht
Von jm der seinen süssen Frucht
105 Der Feygenbaum ist frech vnd geyl
Wer mir vmb zwölff Ducatn nit feyl.

Die Fraw kombt mit der Axt /
Ihr Mann spricht:

Wann her mit der Axt / was hast than?

Die fraw spricht:

Daſſelb wil ich dir zeygen an   [XIIII^d]
Mir iſt ein ſchwerer Traum vor gangen
110 Wie du dich lieber Mann habſt ghangen
Im Garten / an dein Feigenbaum
Daß ich aber daſſelbig ſaumb
So hab den Baum ich abgehawen.

Ihr Mann spricht:

O du verfluchte aller Frawen
115 Was haſt mir den Baum abgehieben
Der mir für alle Bäum thet lieben
Die ich in meinem Garten hab.

Die Fraw weynt / vnd spricht:

Hab ich den Baum doch ghawen ab
Dir zu nutz / daß du an dem Baum
120 Nit hangen dürffſt / nach meinem Traum
Iſt vnrecht ſolche trewe mein.

Ihr Mann spricht:

Schweyg / es ſol dir verziegen ſeyn
Jedoch fürbaß fürſichtig handel
In allem deinem thun vnd wandel
125 Ich wil nauß / beſchawen den ſchaden
Darmit du mich ſchwer haſt beladen.

Ihr mann geht ab.

Die Mutter kombt /

Ihr Tochter spricht:

O Mutter hör / die ſach ſteht recht
Ich hab mein Mann probieret ſchlecht

Sein Feygenbaum jm abgehawen
130 Er flucht/thet mich fawer anschawen
Doch balb ich weynt vnd schnupfft darneben
Thet er mirs gutwillig vergeben
Den Thumherrn ich nun lieb haben mag.

Die Mutter spricht:

Mein Tochter merck/was ich dir sag   [XVᵃ]
135 Du muſt dein Mann verſuchen baß
Noch mit einem ſtück vber das
Die alten Leut ſind vnuerträglich
Wie man das hört vnd ſihet täglich
Darumb Tochter/folg meinem Rhat.

Ihr Tochter spricht:

140 O Mutter zeyg an/mit was that
Ich weiter ſol verſuchen jhn
Darzu ich willig bereyt bin
Kein prob ſol mir nit ſeyn zu ſchwer.

Die Mutter spricht:

Mein liebe Tochter/du weiſt er
145 Dein Mañ ein ſchneeweiß Hünblein hat
Darmit ſein freud hat frü vnd ſpat
Das Hünblein zuck mit deiner Hand
Vnd ſchlag das zu todt an ein Wand
Vnd wenn dein Mann dir das vertregt
150 Daß er ſein Hand nit an dich legt
So magſt denn ſicher mit dem Pfaffen
Bulen/daß er dich nit thut ſtraffen.

Ihr Tochter spricht:

Diß ich noch heut den tag vollend
Das ich mein lieb nur bring zu end.

Sie gehn beyd auß.

Ihr Man komt vnd spricht:

155 Wo ist nur heut mein Weckerlein
Daß er nit kombt zu mir herein
Wechelt/vnd thut an mir auffspringen
Vnd liebelt sich mit allen dingen
Weckerlein/Weckrlein/komb herbey
160 Ich muß gehn schawen wo es sey
Wo anderst es ist in dem Hauß
Es blieb je sonst so lang nit auß.

Sein Fraw geht ein.   [XVᵇ]

Ihr Mann spricht:

Rosina/wo ist mein Weckerlein?

Die Fraw spricht:

Sol ich nit sagn/vom Hunde dein
165 Er ist auff vnser Vetth gesprungen
Hat darauff gewelfft seine Jungen
Hat die weiß seidin Teck beschiffen
Vnd hat auch dückisch nach mir bissen
Da namb ich jn auch mit der Hand
170 Vnd schlug jn vmb die steine Wand
Daß er sich strecket vnd starb todt.

Ihr Mann spricht:

Ey nun schendt vnd plage dich Gott
Du heyloß vnd verfluchtes Weyb
Jetzt solt ich blewen dir dein Leyb
175 Hast du mir denn mein Hund erschlagen
Vnd hast doch gehört in den tagen
Daß ich kein liebern Hund nie hett.

Die Fraw spricht:

Ey / ſol der verflucht Hund das Betth
Verderbn / vnd ſol jhm ſehen zu?

Ihr Mann ſpricht:

180 Ey du gifftige Attern du
Ich wolt verbrunnen wer das Betth
Daß ich nur mein Hündlein noch hett
Die Trüß geh dich ins Hertze an.

Sie weynt / vnd ſpricht:

Nun hab ichs je im beſten than
185 Das vnſer zu bſchützen vnd bhüten
Was dürfft jr vmb den Hund ſo wüten
Ob gleich den hab erſchlagen ich
Du haſt den Hund lieber wann mich
Was ich von vnſers nuß wegen thu
190 Iſts alls vnrecht vnd wird darzu   [XVᶜ]
Geſcholten / ich hartſeligs Weib.

Ihr Mann ſpricht:

Nun ſchweyg / vnd nur zu frieden bleib
Es ſol dir auch verziegen ſein
Hab acht / daß dich der zoren dein
195 Nit mehr mache ſo toll vnd blindt
Daß du raſeſt ſo vnbeſinnt
Oder ich werd warlich ſonſt eben
Dir eines zu dem andern geben
Ich wil nauß mein Hündlein begraben.

Die fraw ſpricht:

200 Ich wil in hut mein zoren haben
Vnd fürbaß bedechtiger ſein
Du Hertzlieber Gemahel mein.

Ihr mann geht ab.

Die Mutter kombt/
vnd spricht:

Wie geht es liebe Tochter mein?

Die tochter spricht:

Ich hab gefolgt dem rhate dein
205   Den Hund erschlagn/darob mein Mann
Mir flucht vnd mich hart zannet an
Jedoch hat er mich nit geschlagen
Nun wil ichs mit dem Thumherrn wagen.

Die Mutter spricht:

Du mußt die dritten prob auch than
210   Noch eins versuchen deinen Mann
Wann alte Leut die sind gar wunderlich
Rachselig/ob dem Ehbruch sunderlich
Denn mach deiner lieb anefang.

Ihr Tochter spricht:

Ey Mutter/du machst mirs zu lang
215   Doch sag mir her/so wil ichs than.   [XVᵈ]

Die Mutter spricht

Du weyst/heint wird haben dein Mann
Ein Gastung/vnd wenn er zu Tisch
Sitzt/vnd drauff steht Wildprät vn Fisch
So henck dein Schlüssel heimelich
220   Ins Tischtuch/fahr auff schnelliglich
Sam habst etwas daussen vergessen
Reiß das Tischtuch mit Tranck vnd essen
Vom Tisch heraber auff die Erd
Daß alle ding verschütet werd

225 So dir das vberficht dein Mann
Denn nimb zu einem Bulen an
Den Pfaffn / soes nit kan anderſt fein.

Die fraw ſpricht:

Das wil ich thun / O Mutter mein
Hoff mein Mann werd nit lang drum puchen
230 Komb mit mir hinauß in die Kuchen
Schaw was ich guts mein Gäſten hab
Darnach ſchleich wider heimlich ab.

Sie gehn beyd ab.

Ihr Mann gehet ein /
vnd ſpricht:

Nun auff heint hab ich liebe Gäſt
Meine verwandte vnd mein beſt
235 Freund / Geſellen vnd gut Nachbawren
Derhalb ſol mich kein vnkoſt thawren
Mit den auff heint frölich zu fein
Vnd ſampt der jungen Frawen mein.

Die Fraw kombt / vnd ſpricht:

Geh / vnd ſetz deine Gäſt zu Tiſch
240 Jetzunder ſeudt man gleich die Fiſch
Ich wil ſie auch bald richten an
Drumb geh / vnd ſetz ſie / lieber Mann. [XVIᵃ]

Sie gehn beyde ab.

Die Mutter geht ein /
vnd ſpricht:

Nun wil ich heymlich ſehen gern
Wie ſie ſich drob vereinen wern
245 Daß mein Tochter bleib vngeſchlagen

Ich hoff er werd jrs nicht vertragen
Sie werd geblewt von jrem Mann
Daß sie deß Pfaffn thu müssig gahn.

Die Mutter geht ab.

Die fraw kombt / vnd spricht:

Nun hab ich than mein dritte prob
250 Bin auch darmit gelegen ob
Hab mit mein Schlüsseln mich gefliſſen
Das Tischtuch von dem Tisch geriſſen
Vnd alls verschütt / was darauff was
Mein Alter hat mich nur vmb das
255 Gar bitter sawer angesehen
Vnd hat nicht anderſt zu mir jehen
Denn: Ich meyn du seyst gar vnsinnig
Wilt werden wüttig oder winnig
An diser schmach ligt mir nicht vil
260 Nun ich gantz kecklich Bulen wil
Mit dē Thumherrn / wird ers gleich jnnen
Seiner straff wil ich leicht enttrinnen
Es iſt vmb ein Handlohn zu than
Wils bald abweynen meinem Mann
265 Dort kombt geleich der alte Lawer
Er ſicht aber gar leichnam sawer.

Ir Mann kombt / vnd spricht:

Hör Weib / ich merck / daß in dir wütt
Lang her ein vnrein böß Geblüt
Das muß zum theyl ich von dir laſſen
270 Du haſt drey böse ſtück dermaſſen
Mir than / mit dem Baum vnd dem Hund
Auch mich beschemet hart jetzund
Daß du all ding wurffſt an die Erden
Du würſt bald gar vnsinnig werden   [XVIᵇ]

275 Hülff man dir nit / Komb zu dem Bader
So muß er schlagen dir zwo Ader
Auff daß das böß Blut von dir komb.

Die Fraw spricht:

Ich bitt / mein lieber Mann / warumb
Ich mir doch jetzund lassen sol
280 Mir bricht doch nichts / vnd ist mir wol
Man hat vor nie gelassen mir.

Ihr Mann spricht:

Derhalb hat sich gemehrt in dir
Daß böß geblüt / die böse feucht
Es hat mich lang zeit wol gedeucht
285 Wie daß dir gar not lassens wer.
Drumb komb ohn all widerred her
Es hilffet dich darfür kein weynen.

Die Fraw spricht:

Ich weiß nicht wie du es thust meynen
Ich glaub gentzlich du spottest mein.

Ihr Mann spricht:

290 Komb bald / es mag nit anderst sein
Wilt aber du nit gehn mit mir
Wil ich die Adern schlagen dir.

Ihr Mann greifft an sein Wehr.

Die Fraw spricht:

Ja / ich wil geren mit dir gahn
Weyl dus wilt haben / lieber Mann.

Sie gehn mit einander ab.

Jr Mutter kōmt vnd spricht:

295 Man sagt / mein Tochter sey beym Bader
Da laß man jr schlagen zwo Ader
Wolt Gott / daß man ins Baders Hauß
Jr liß das Pfaffenblut herauß   [XVIᶜ]
Das wer ein gsunde Aderleß
300 Auff daß sie blieb Ehren gemeß
Ich wil gehn schawen wies jr geh
Sie hat jr nie gelassen eh.

Sie geht ab

**Der Alt jr Tochtermann kombt /
vnd spricht:**

Ich hab mein Weib ohn alls erbarmen
Jr Adern lassn auff beyden Armen
305 Schlahen / biß sie sich thet entferben
Sich anspitzet / sam wolt sie sterben
Vnd sich verblutet also hart
Daß sie zweymal ohnmächtig ward
Ich hoff / jhr böß Blut sey alls hin
310 Sambt jhrem zoren gähen sinn
Thut sie sich deß forthin nit massen
So wil ich jr halt wider Lassen
Biß sie doch wird geschlacht vnd frumb
Dort bringts jr Mutter widerumb.

Er geht ab

**Die Mutter bringt die Tochter /
vnd setzt sie auff ein Sessel**

Die Mutter spricht:

315 Ach sag / du liebe Tochter mein
Wie thut das Aderlassen dein?

Die tochter stellt sich kräncklich/
vnd spricht:

O Mutter/haſt kein Zimmetrinden
Es wil mir in ohnmacht geſchwinden.

Die Mutter geht jr etwas in den
Mund/ſie kewet/daran vnd spricht:

Ey/ey/ey/ey/was ſol ich ſagen
320 Wie hat der Baber ſo hart gſchlagen
Vnd von mir ſo vil Bluts gelaſſen   [XVIᵈ]
Wie jns mein Mann hieß aller maſſen
Ich hett warlich nit trawt der gfehr
Daß mein Alter ſo bückiſch wer
325 Mir ein ſolch Aberlaß zu ſchencken.

Die Mutter spricht:

Mein liebe Tochter/thu bedencken
Erführ er denn wenn du zu ſchaffen
Hetteſt gehabt mit dem Thumbpfaffen
Was meynſt daß er denn würd anfangen
330 Sag Tochter/thut dich noch verlangen
Mit dem Pfaffen Bulſchafft zu treiben.

Die Tochter spricht:

Ach mein Mutter/die red laß bleiben
Dann ich ſo ſchwach vnd krafftloß bin
Ich wolt es hett der Teuffel hin
335 Den Pfaffen vnd ſonſt alle Pfaffen
Eh ich wolt habn mit jm zu ſchaffen
Mir iſt vergangen freud vnd luſt
Zu jhm/vnd allen Mannen ſuſt
Ausgenommen mein alten Mann
340 Wil ich werth vnd in ehren han
Dieweyl ich hab das leben mein

Jhm vnterthan vnd ghorsam sein
Ach wie bin ich so math vnd kranck
Hertzliebe Mutter / ich sag dir danck
345　Wer nit gewest dein trewes warnen
So wer ich je in disen Garnen
Von dem Teuffel gefangen worn
Weiblich scham / zucht vnd Ehr verlorn
Die ich durch dein Rhat hab behalten.

Die Mutter beschleust:

350　Mein Tochter / so laß dir den Alten
Vnd frommen Mann befolhen sein
Als lieb dir sey die ehre dein
Vnd folgst du jm / vnd meiner lehr
So bleibst du bey Gut nd bey Ehr
355　Laß solch böß gedancken vnrein　　　[XVIIᵃ]
Fürbaß bey dir nit wurtzeln ein
Sonst dir einsmals mißlingen thet
Drumb leg dich herauß in dein Betth
Vnd rhu / weyl du bist so vol schwachs
360　Ein gute Nacht wünscht euch Hans Sachs.

Die Mutter führt die tochter ab.

Die Personen in das Spiel.

Der alt reich Burger　　　　1
Rosina sein Weib　　　　　2
Proba jhr Mutter　　　　　3

Anno Salutis / M. D. LIII.
Am 24. Tag Octobris.

[SG. 9, 269]

Ein spiel mit 3 person zwaier philosophi disputacio ob peser hayraten sey oder ledig zw pleiben ainem weissen mann

Minister der discipl get
ein naigt sich vnd .s.

Nun schweiget still vnd habet rw
Vnd hört zway philosophen zw
Wie sie da werden disputiren
Mit scharpffen worten arguiren
5 Solch histori ist kain gedicht
Sunder ain warhaftig geschicht
Wie solichs nach wort vnde dat
Plutarchus auch peschrieben hat
Solon der thuet den estant preisen
10 Dargegen thuet Thales peweisen
Das aim gelerten manne sey
Vil pesser gancz ledig vnd frey
Ser fuerderlich zv dem studirn
Vnd thuet das durch vil weg probirn
15 Idoch sie paid nichs entlichs schliessen
Sunder ain andern tag erkiessen
Von der materj mer zv reden
Da wert von andern vnd in peden   [269']
Aus ir aller experiencz
20 Von in aufgsprochen der sentencz.

Der disippel get ab

Thales der weis get ein tregt
ein sphera celi seczt sich vnd s

Ich wil hie sehen lawter clar

Ob dieſes zwkünftige jar
Werd glüecklich vnd auch früchtpar werden
Von allerley früechten auf erden
25 Der vor aim jar iſt vil zerunen
Ob auch ein finſternús der ſunen
Kúmb dieſes jar / das alle friſt
Vnfrúchtparkait an zaigen iſt
Der glaich ander vnglúeck im lant
30 Solch kúnſt ſint mir all wol pekant
Die ich in egipten vor jarn
Pey den gelerten hab erfarn.

Miniſter der diſippl kúmpt
naigt ſich vnd .s.

Philoſophe vnd herre mein
Es pegeret zw dir herein
35 Ein herlich man an hinternús
Peclaid wie ein philoſophús
Der wil ein gſprech halten mit dir.

Thales der weis

Ja ge las in herein zw mir
Wer iſt er / ſag kenſtw in nicht.

Miniſter s

40 Nain / mich trieg aber mein geſicht
So iſt er ain hochweiſſer mon

Thales der weis

Nún ſo las in hereine gen
Die weil er iſt an jaren alt   [270]
Vnd ainer erber gúeten gſtalt
45 So wöllen wir zwiſchen vns peden
Von der philoſophia reden

Minister get ab

Thales spricht zw im selb

Wer mag nûr dieser weiſ man ſein
Welcher pegert zv mir herein
Es felt mir gleich ein wie wen der
50 Solon der philoſophûs wer
Von dem man ſagt er hab vûrwar
Vrlob gnûmen auf etlich jar
Zw athen von aim rat auf trawen
Das er die lender mûeg peſchawen
55 Vnd haimſûechen die weiſſen mender
Herûmb durch alle morgenlender
Ich glaûb fûerwar das ers werd ſein
Es antet gwis das herze mein
Ich wil in herczen geren ſehen
60 Ich hôr im groſes lobe jehen
Wie er der ſtat Athen zv lecz
Peſchrieben hab ſer gûete gſecz
Sûnſt auch vil guettes hab gethon
Da kûmpt geleich der dewer mon.

Solon get ein thales get im
entgegen pewt im die hant ſolon .ſ.

65 Thales dw aller weiſter mon
Von herzen ich pegeret hon
Zw ſehen dich vûr alle ander
Philoſophi gar mit einander
Weil dir von dem got Apolo
70 Als dem weiſeſten man alſo
Zw gſchicket iſt der gûelden diſch
Der halben iſt gancz himeliſch   [270']
Dein weiſheit weil dw haſt gancz clar
Aûſtailt in zwôlff monat das jar

75 Jn zwo vnd funfzig wochen gsündert
Welche doch halten gleich drey hündert
Vnd darzw fünff vnd sechzig tag
Pey der vnd ander künst man mag
Spüeren dein weißheit vberflüessig
80 Jch pit wölst nit sein vbertrüessig
Das ich haimsüech die weißheit dein.

Thales der weis s

Dein zwkünft die erfrewet mein
Hercz hoch vnd trefflich vberaus
Das dw mich selb süechest zw haus
85 Mein auserwelt vnd lieber gast
Wie wol du schlechte herberg hast
Wan ich leb in meim haus gar schlecht
Allain mit dem ainigen knecht
Vnd geleb gar geringer speis
90 Derhalb pit ich mit hochstem fleis
Mein Solon wülst haben vergüet.

Solon der weis

Mein thales sag mir doch in güet
Hastw den kain weib zw der e
Oder ist dir in kranckheit we
95 Küerczlich dein gmahel gangen ab.

Thales der weis

Mein lieber Solon wis ich hab
Mein lebenlang kein weib nie ghabt
Weil mich die natür hat pegabt
Kain pegier zw den frawen geben

Solon s

100 Ey wie füerst so ain elent leben
We dem der also ainsam ist

Auf im Selb siczet alle frist [271]
Ein weib der eren tregt ein kron
Die thůet erfrewen iren mon
105 Mit holtseligem schimpf vnd schercz
Erquicket Sie Sein trawrig hercz
Jst Sein gehůelff an allen orten
Mit Senften vnd dröstlichen worten
Dröst Sie in ein aller anfechtůng
110 Jn angst verfolgůng vnd durchechtůng
Stet Sie im pey in aller not
Dein leben ist ain halber dot
Die weil dw lebest an ain weib.

Thales der weis

Mein Solon wis das ich vertreib
115 Die maist zeit mit philosophirn
Auch mit dem ainfluss der gestirn
Vnd aufmessůng dem ertereich
Vnd ander kůnsten der geleich
An solchem wůrd das weib mich irrn
120 Zerstören mein imaginirn
Weil Plato Sagt ein weib all frist
Ein vnrůiges ůebel ist
Jst albeg klagpar vnd geschweczig
Arglistig / mistrew / vnd auf seczig
125 Eyfferig / Selczam wanckelmůetig
Auch zenckisch / zornig vnd gancz wůetig
Wen man nach irem Sin nit thůet
Drůmb hat mich angsehen fůer gůet
Mich an ein efrawen zw pleiben
130 Mein zeit in rw hie zw vertreiben
Weil ich ir wol geraten kon.

Solon der weis

O mein Thales ein frůmer mon

Kan im ain frümes weib wol zihen
Drümb sint die weiber nit zů fliehen   [271']
135 Manch frümes piderweib man sint.

Thales der weis

Der posen doch am maisten sint
Darůmb ziech weiber wer da wöl.

Solon der weis

Ein weis man ain weib haben sól
Von wegen des kinder gepern,
140 Darfon die gschlecht erhalten wern
Auch die eltern erlangen ob
Iren kinden er/preis vnd lob
Weil dw aber an weib vnd kinder
Lebst so wirt deines lobs auch minder
145 Wan was dein weisheit lobs erwirbt
Mit deinem dot es als abstirbt
Weil dw kain sůn hast von deim stamen
Der nach dir erlewcht deinen namen
Hest abr ein weib geperst mit ir
150 Ein sůn in weisheit enlich dir
Der dein pildnůs hie trůeg auf erden
Durch den möcht dein gedechtnůs werden
Langwirdig/ruechtpar vnd ganz löblich.

Thales der weis

Solon in disem felstw gröblich
155 Weil kinder selten wolgeraten
Sünder mit laster vnd vndaten
Ziehen sie oft zů schant vnd spot
Den eltern trůebsal angst vnd not
Das sie sich ir den můesen schemen.

Solon der weis

160 Aus dein worten thw ich vernemen
Dw waist von kainer kinder zuecht
Mainst nicht es zihen ire fruecht
Die eltern auf thuegent vnd er.

Thales der weis [272]

O sie sind darin saůmig ser
165 Weil sie oft selb vnzogen sind.

Solon der weis

Die eltern zihen ire kind
Durch natürlich einpflanzte lieb
Die sie zewcht mit aim starcken trieb
Von kinder lieb waist nit zu sagen
170 Die weil vnd dw pey all dein dagen
Hast gehabt weder weib noch kind
Die so lieb vnd so angnem sind
Ein gewürzelt der eltern müet
Vber all er vnd zeitlich güet
175 Das solch lieb nit ist aufzwsprechen.

Thales der weis s

Mein Solon darpey kan ich rechen
Das aus solcher lieb zu den kinden
Die elteren oft gar erplinden
Den kinden alln mütwillen lassen
180 In als verhengen / solcher massen
Das sie den iren jamer sehen
Wie ich den vormals auch hab jehen
Weil sis an alle straff aufzihen
Des thw ich weib vnd kinder flihen
185 Der kinder lieb mich nit ansicht.

Solon der weis

Mein Thales so haftw auch nicht
Von kinden frewd vnd irem schercz
Welches erfrewt der eltern hercz
Ob allem schercz vnd frewdenspiel.

Thales der weis

190 Ir frewd ich geren ghraten wil
Weil sie ist kindisch vnd vergencklich
Dargegen gros vnd vberschwencklich
Ist vnrwe vnd mueseligkeit   [272']
Sorg / angst pey kinden alle zeit
195 Sambt groser gfar die in zw stet
Das gar selten ain tag verget
Der nit schrecken vnd angst gepirt
Aus dem gar leicht ermessen wirt
Das laid die freud weit vberwiget
200 Mein höchste frewd mir aber lieget
An künsten vnd an der weisheit
Welcher ich pas zv aller zeit
Aus warten kan an dieser stet
Den so ich weib vnd kinder het
205 Welche mich nür hinterten tron.

Solon der weis

Wen idermon also wolt ton
Wie dw so zerging menschlich gschlecht

Thales der weis

Ja mein Solon dw sagest recht
Ir sint sunst gnueg so die welt meren
210 Henck ich an güeter künst vnd leren
Vnd ge gleich müsig weib vnd kind
Die doch gros herczlaid pringen sind

Mainstw nicht dein sün mit der zeit
Wert dir noch pringen herzenleit
215 Des dw mainst haben freud vnd er

Solon der weis

O mein Thales gar nimer mer
Die weil mein sün ist plüender jugent
Ein spiegel vol weisheit vnd thüegent
Wie künd der pelaidigen mich.

Thales s

220 Ich wil noch daran monen dich
E den vergent zwen ganczer tag
Das ich dir hie die warheit sag.

Der minister kümbt s

Ir herrn es ist hoch mitags zeit   [273]
Kümbt rein das essen ist pereit.

Sie gent alle aus

Minister get wider ein vnd
ret mit im selb

225 Dieses sint zwen die weisten mender
So icz durch alle morgenlender
Haben den aller hochsten rümb
Sint doch nit aines sins darümb
Wil ich gern hörn in irem krieg
230 Welcher noch phalten wirt den sieg.

Thales der weis kümpt dregt
mantel huet pülgen vnd stab s.

Minister so nem den walstab
Die püelgen hüet vnd mantel grab

Thw den zů vns paiden eingen
Sag vns dw kůmeſt von Athen
235 Pring mir den prieff vnd ſag darpey
Wie ain jüngling geſtorben ſey
Sam ſey er gweſt Solonis ſůn
Wirſt im wol wiſſen recht zů thůn
Mit allen liſtigen vmb ſtenden
240 Wirſt vnerkant die ſach volenden.

Miniſter nempt die růeſtung ſ

Ja herr ich wil mich legen on
Gleich eim walprueder einher gon
Vnd dein fürſchlag in allen dingen
Gancz vnerkant zů ende pringen.

Der miniſter get ab

Thales der weis ſ.

245 Můs ſchawen ob ich Solonem
Durch liſt kůnt obliegen in dem
So ich in möcht ob ſeinem ſůn
Cleglich kůnt machen trawren thůn
Darmit ich all ſein argůment
250 Gewalticlich vmbſtoſen kent   [273']
Das peſſer wer leben on e
Weil darfon kem gros angſt vnd we.

Solon der weis get ein ſ

O Thales ich hab in deim haůs
Peſichtigt alle gmach důrchauůs
255 Hab auch peſchawt dein lieberey
Vnd dacht wie imer ſchad es ſey
Das dw nit haben ſolt ain ſůn
Der deinen ſchacz ſol erben thůn

Edler den golt vnd edel gstein
260 Der nůn kůmpt von dem ſtamen dein
Etwan eim fremden in ſein hant
Dir vormals genczlich vnpekant.

Thales der weis

Das ſtet als in der götter hent
Wem ſie nach meines lebens ent
265 Solichen ſchacz důn vbergeben
Weil ich in nůr hab in dem leben
So frag ich gar nit mer darnach
Wer in nach meinem dot entpfach.

Miniſter get ein wie ein wal
prueder pringt den prieff ɂ

Wont Thales der weis in dem haws.

Thales der weis ɂ

270 Ja was haſt im zv richten aus.

Der waltprůeder

Eillent ich her von Athen lieff
Vnd pring dir herr dieſen ſentprieff
Den dir ſendet Chilon der weis
Entpewt dir auch ſein grues mit fleis.

Thales nempt den prieff pricht
in auf liſt in haimlich Solon ɂ

275 Waltprueder ſag wen theſt ausgen
Aus der kriechiſchen ſtat Athen.

Der waltprueder ɂ   [274]

Es iſt gleich heůt der achte tag.

Solon der weis

Was ist icz zv Athen die sag
Hat die stat iczůnd gůeten fried.

Der waltprüeder

280 Ja / hort am tag als ich abschied
Da war ein jüngeling vertorben
An ainer gechen kranckheit gstorben
Als man die leich gen kirchen trůeg
Schueler vnd priester vorher zůeg
285 In ainer procesion schon
Man hort auch aller glocken thôn
Nach der par ging der gancz senat
Vnd fast all pürger in der stat
Das ich hab gehôrt all mein tag
290 Ob kaim doten kain grofer clag
Es waint vmb in frawen vnd mon.

Solon der weis s

Dw mein waltpruder sag mir on
Kanst mir nit ansagen gewis
Wie dieses jünglings vater hies
295 Ob ich möcht seinen namen kennen.

Der waltprüeder

Ich hab in zwar wol hôren nennen
Ist mir seit her gefallen ab
Wol ich vom volck gehôret hab
Sein vater sey ein weiser mon
300 Hab der stat ser viel gůetes thon
Mit gueter ler vnd weisem rat
Darumb Athen die gancze stat
Thůet im ser grofes lob nach sagen

10*

Hört auch wie er in jar vnd tagen
305 Nie zů Athen geweſſen ſey.   [274′]

Solon der weiſ ş

Mein waltprůeder ſag mir darpey
Wen dw denſelben mon horſt nennen
Mainſt dw kůnſt ſeinen namen kennen.

Waltprueder ſpricht

Ja/wen man mich monet daron.

Solon der weiſ .ş.

310 Sag nent man ſein vater Solon.

Der waltprůeder

Ja warlich er haiſt gleich alſo.

Solon ſchlecht ſein hent ob dem
kopff zůſam waint vnd ſchreit

O zetter waffen mörbio
Iſt mein herczlieber ſůn verſchieden
Vnd hat den grimen dot erlieden
315 Mit im iſt all mein droſt da hin
Der elentſt man auf erd ich pin
O ir götter was zeicht ir mich
Das ir mich plagt ſo piterlich
Nůn vertrewſt mich auf ert meins lebens.

Thales der weiſ

320 Hor auf dein clag iſt doch vergebens
Clag pringt nit wider ſeinen gaiſt.

Solon ş

Derhalb clag ich auch aller maiſt
Das vergebens iſt all mein clag.

Thales §

Mainſtw doch an dem fordern tag
325 Dw möchſt durch deinen ſün auf erden
In kaim weg mer petrüebet werden
Meinſt nicht dein iezyg trawrikeit
Vbertreff die freüd allerzeit
Die dw ie heſt mit deinem ſün.

Solon der weis

330 Ja das müs ich pekennen thün.   [275]

Thales der weis §

Mein Solon iczünd glawbſtw mir
Das nüezer wer geweſſen dir
Dw werſt nie kümen in die ee
So heſt icz nit ſo herczlich we
335 Vnd derfſt auch nit trawren darümb.

Solon der weis

Dw ſagſt war / O mein ſün war frümb
Solt er mich den nit herczlich dawren.

Thales der weis

Mein Solon was thüſtw den trauren
Weil er war frümb in ſeinem leben
340 Mit weiſheit vnd tüegent vmbgeben
Nün wont er an der götter ſchar
Wie würſtw ſein ſo trawrig gar
Wen dw heſt ain poshaften ſün
Der auf erd nie kain guet het thün
345 Des dw dich müſt dein lebtag ſchemen
Vmb in haimlich freſſen vnd gremen
Auch nach ſeim dot ſein arme ſel

Zumb dewffel für hinab die hel
Der sün wer zw petrauren schwerlicher.

Solon der weis

350 O ja das selb wer noch geferlicher
O mein Thales wie sol ich thůn
Ich hab verloren meinen sůn
Auf dem mein drost vnd hoffnůng ston.

Thales der weis

Mein auserwelter freünt Solon
355 Las ab dein clag auf diese stůnd
Lebt dein sün ist frisch vnd gesůnd
Ich hab dis spiel dir zv gericht
Das dw mir kůndest laugnen nicht
Was angst / vnrüe / vnfal vnd sorgen
360 Sey in dem eling stant verporgen   [275']
Kein stete rue nimer drin wirt
Ein crewcz stet das ander gepirt
Icz an dem weib den an den kinden
Wie dw icz aines thest entpfinden
365 Welchs creücz im eling stant peclebt
Die weil man hie auf erden lebt
Ist vil mer laids den freůd darin
Des ich alles entladen pin
Weil ich hab weder kind noch weib
370 Sünder allein mein aigen leib
Den ich von anfang meiner jůgent
Hab gwent auf weisheit / sittn vnd důgent
Darin ich gerůecklichen leb
Vnd allen lastern wider streb
375 Solich löbliche duegent schön
Das sint mein dochter vnd mein sön
Sambt meinen půechern die nit sterben
Darmit so kan ich mir erwerben

Ein vndotlichen rumb vnd er
380 Idoch so wol wir morgen mer
Von dieser materia reden
Vnd nit allain zwischen vns peden
Sunder ich wil aus gunst vnd gnaden
Mer philosophy zv vns laden
385 Vnd die lasen darin entschaiden
Wer noch recht hab vnter vns paiden
Icz wollen wir nein auf den sal
Mit freuden nemen das nachtmal.

Sie gent alle ab

Der minister kumpt vnd peschlewst

Ir herrn kumbt morgen wider her
390 Hört wie man den sentenz ergler
Wan ich hab aigentlich vernümen   [276]
Es wern mer philosophi kumen
Verhoren die zwen weissen mon
In irer disputacion
395 Vnd ein entlich vrtail peschliesen
Welcher der paider wirt verliesen
Zw straff wirt gebn ain aimer wein
Pey dem da woll wir frölich sein
Das freüd im eling stant erwachs
400 Das wunschet vns allen Hans Sachs

Die person in das spil

Thales der miletisch philosophus 1
Solon der athenisch philosophus 2
Minister ein disippel Thaletis   3

Anno salutis 1555
am 27 tag septembris
400 vers

[SG 11, 130]

Ein Faſnacht ſpil mit 8 perſon
Der neidhart mit dem
feyhel hat 3 actus.

Der narr drit ein vnd .ß.

Nûn ßeit gegrueſet all gemein
Auf gûet trauen kûmb wir herein
Zv machen eúch ein frolikeit
Die weil es icz iſt faſnacht zeit
5 Wie der neidhart in öſtereich
Fand den erſten feyel geleich
Vnd ſtúrczt darueber ßeinen hûet
Holt darzw die herzogin gûet
Jn mitler zeit von zeiſelmaûr
10 Der Engelmair ein grober pawr   [130']
Den feyel im aprochen hat
Vnd im gepferchet an die ßtat
Als die fúerſtin den merdrúm fant
Peſtûnd neidhart mit ßpot vnd ſchant
15 Auch wie neidhart die ßelben ſchmach
An dieſen groben pawren rach
Die ßich auch wider wolten rechen
Das doch neidhart dúrch liſt det prechen
Das wert ir hören vnd noch vil
20 Derhalb ßeit fein zúechtig vnd ſtil
Vnd höret zv dem neidhart ſpil.

Der narr get ab

Der neidhart kúmpt vnd ß

O dw grewlicher kalter winter
Der lencz hat dich gedruckt hin hinter
Der dw erfröreſt laub vnd gras

25 Vnd macheſt trawrig alles was
Lebt in waſſer erden vnd lüeft
Ent hat reiff ſchne vnd kalter düeft
Die ſůmer wůn die nehet ſich
Die weil ich hör ſo wůnſamlich
30 Singen die clain walt fogelein
Die ſich frewen der ſünen ſchein
Loben got mit iren geſengen
Die weil ſich nůn der tag thůet lengen
Des mag ich auch zů hoff nit pleibn
35 Mein zeit in der thůernicz vertreibn
Sünder ich wil ein weil ſpaciren
Vor grůenem wald da vmb reſieren
Dürch die awen vnd dürch die wiſſen
Da die zinlautern pechlein flieſſen
40 Ob ich etwan ein feyel fůnd
Den ich möcht pringen zů vrkůnd
Der edlen zarten herzogin   [131]
Der trewer hofftiener ich pin
Was ich irn gnadn zů dinſt kan thon
45 Da wil kain můe ich ſparen on
Dort ſich ich ſchon etliche weſlein
Auf ſchieſſen mit den grůenen greſlein
Mich důnckt vůrwar darin ich hab
Erſehen ainen feyel plab
50 Ja / ja / ich hab geſehen recht
Wie wen ich in der fuerſtin precht
Ach nain e ich in precht hinein
Wůert der feyel verdorret ſein
Drůmb wil ich in icz laſſen ſten
55 Der herzogin anſagen den
Das ſie heraus far in der nech
Vnd den feyel ſelber aprech
Frölich mit andrem hoffgſind gůet
Vnd wil die weil den meinen hůet

60 Darüber decken in der stil
Den nechsten gen hoff lawffen wil.

Reidhart deckt sein hüet
vber den veyel vnd get ab

Die drey pawern kůmen
vlla sewfist .s.

Ir lieben nachtpaurn hört frembde mer
Reidhart der hoffschrancz kom da her
Vber mein wissn / da er zv stünd
65 Den ersten plaben feyel fünd
Den thet er mit seim hüet zv decken
Ich stünd zv nechst in ainer hecken
Vnd hůrt pey meinem aid vůrwar
Er wolt die fürstin pringen dar
70 Mit sampt ander iren hoffschranczn
Die wůrden vmb den feyel danczn
Rat wie wir in die freud zwstörn

Engelmayr der pawer

Mein ůlla sewfist thw mich hörn   [131']
Wie wen wir in den feyel steln
75 Den auf vnsern danczplacz verheln
Vnd danczeten selber darůmb
Vnd ob gleich sech der neidhart krůmb
Köm vnd wolt vil gspais darzv sagn
So wolt wir im sein haůt vol schlagn
80 Weil im der kittl vor dem ars gnappet

Haincz scheüenfried

Mein engelmayr sey nit so lappet
Das dw den feyl schlecht stelen wolst

Sünder darzv dw im auch solst
Ein waidhoffer seczn an die stat
85 Der fünff pfund an die süppen hat
Daran ein saw möcht haben wol
Zehen schlick vnd auch neun maülfol
Wen neidhart precht die herzogin
Vnd sie danczt darúmb her vnd hin
90 Det darnach den merdrúm auf decken
Der feyel wtúr ir nit wol schmecken
Den würt dem neidhart dieser schimpff
Raichen zv grosem vngelimpff
Pey der fürstin zv ostereich
95 Vnd pey dem herzogen der gleich
Wan neidhart thüet mit seim gejaid
Gros schaden vns an wein vnd traid
Das künt wir nit pas an im rechen.

Der engelmair ꝫ

Nun den feyel wil ich aprechen
100 Vnd im selb pferchen an die stat
Wan ich gleich eben nechten spat
Den meinen grosen sewsack as
Der mit grieben gespicket was
Von dem wil ich wol legn ein ay
105 In ainem drueck an als geschray
Daran ir ewern lüest solt sehen   [132]
Wie ichs so waidlich raús wil drechen
Nún rat ir das so wil ichs thon.

Vlla sewfist ꝫ

Sie scheis nür nidr vnd kümb darfon
110 E das dir wert zv kúrz das trümb
Vnd der Neidhart herwider kümb
Das wir nit úeber eylet wern

Haincz Schewen fried

Potsch gluet mich dünckt ich sech von fern
Das hoffgsind vort faren vnd reiten
115 Mein Englmayr thw nit lenger peitten
Hawch nür nider vnd drüeck pald ab.

Der Engelmayr haucht nider

legt den merdrüm stet auf
deüt auf den merdrüm .S.

Sie schawt liebn nachtpaürn ich main ich hab
Ein ay in aim müff aufgeprüet
Das rawchet wie ein kolen glüet
120 Deckt mit dem hüet das wider zw
Das der feyl nit aufriechen thw.

Die pauern stürzen den hüet vber

den dreck gent mit dem feyel darfon

Der neidhart kumbt mit der

herzogin vnd dem narrn vnd S.

Gnedige fraw vnter dem hüet
Da stet das mayen plümlein güet
Das vns den sümer zaiget on
125 Darfon ich eur gnad gesaget hon.

Die herzogin S.

Neidhart der dinst pedanck ich mich
Wil in gnaden pedencken dich
Gehabter müe das dw pist künn
Vns anzaigt die erst sümer plümn
130 Welche entsprüngen in dem mayen   [132']
Darümb wol wir haben ein rayen
Frolich singen mit süessem thon
Nün hanget an einander on.

Sie machen ein rayen vmb den seyel
Die herzogin singt vor die andern nach

Der mayen der mayen der pringt vns plüemlein vil
Ich trag ain freis gemüete got wais wol wem ichs wil
Got wais wol wem ichs wil.

Ich wils eim freyen gesellen der selbig wirbt vmb mich
Er tregt ein seiden hemat an darein so preist er sich
Darein so preist er sich.

Er maint es süng ain nachtigal da wars ein junck=
fraw fein
Vnd kan sie im nit werden trawret das herze sein
Trawret das herze sein

Die herzogin left den rayen
faren vnd .s.

140 Nún hab wir den seyel pesüngen
Vnd ain rayen darúmb gesprúngen
Nún wöllen wir da in der nehen
Die edlen sümer wún pesehen
Vnd seinen suesen schmack entpfahen
145 Der vns zaiget den sümer nahen.

Seckel narr s

Frewlein las mich den feyel schmecken
E wan dw thüest den hüet ab decken

Er schmeckt zum hüet s

Der feyel schmeckt gleich wie leützdreck.

Reidhart stöst in mit aim
fues vnd spricht

Narr halt dein maul vnd drol dich weck.

Die fürstin hebt den huet auf
Sicht den waidhoffer vnd s

150 Neidhart / neidhart was haftw thon
Die schmach thuet mir zv herzen gon
Dast vns so weit fuerst aus der stat
Zaigst vns für feyel den vnflat   [133]
Solchs gehort zw kaim edelmon
155 Vnd hecz ain grober pawer thon
So wer es denoch vil zv grob
Dw haft sein weder er noch lob
Jch schwer dir des pey meinen trewen
Die dat sol dich von herzen rewen
160 Jch wil dem fuerftn vber dich klagen
Wan mir ist pey all meinen tagen
Kein groffer arbeis nie geschehen
Das thw ich auf mein warheit jehen.

Neidhart felt ir zv fues vnd s

Ach gnedige fraw pegnadet mich
165 An der dat pin vnschuldig ich
Ein feyel ich gefunden hab
Ist mir seit worden prochen ab
Wolt got im soltn paid hent erkrumn
Der mir den feyel hat genümn
170 Denck wol es habs gethon ein pawr
Aus genem dorff von zeiselmawr
Welche mir all sint spinnen feint
Erfar ich den morgn oder heint
Jch wil in vmb sein vnzüecht straffn
175 Das er sol schreyen zetter waffn.

Der narr s.

Frewlein las mich den feyl auch sehen
Hab ich nit vor die warheit jehen
Ey wie ein waidlicher dreck ir lieben

Wie wol ist er durchspickt mit grieben
180 Er ist faist er wer güet zv schlindn
Ist new pachen vnd hat kain rindn
Er aht ein grose stat ein gnümen
Er ist von kainem kind herkümen
Wer in halt da her hat getragn
185 Er hat in lang kift vnd genagn
Glawb wol das man im an dem ort
Das loch hab mit einr deichsel port   [133']
Wie thüet er so wol riechn vnd schmeckn
Ich wil gleich den fannen drein steckn
190 Als dem grösten wen aber köm
Ein gröser dreck / der diesem nöm
Den fann / wie würn die dreck sich reissn
Vmb den fannen ein ander peissn
Ich müs gleich auch danczen darümb
195 Nun singt mir alle nach mümb / mümb
Wie retst frewlein ich wil es wagen
Vnd wil in dem hoffgsind haim dragen
Vnd welcher in den vbergint
Derselb ist gewis ein ekint.

Er nempt den dreck in geren

Die herzogin s.

200 Last vns auf sein wan es ist weit
In die wien stat es ist hoch zeit.

Jeckel narr

Ja last vns nür gar pald auf sein
Wolln zum herrlein gen wien hinain
Mich hüngert wolen zv nacht essen
205 Vnd woln vns vmb den dreck nit fressen
Sünder sein gancz vnd gar vergessen.

Sie gent alle ab

Actus 2

Die drey pauern kůmen
Engelmayer s

Wir pawren wollen auf dem plon
Aufrichten vnsern mayen schon
Obs gleich der neidhart inen wirt
210 Das selb vns pauern gar nit irt
Kumpt er gleich mit etlichen knechten
Wol wir mit im schirmen vnd fechten
Woln sie von vnserm tanczplacz plewn
Das sie ir hochmůet můs gewern.

Hainez Schewen frid [134]

215 O kóm er nůr vnd wer so keck
Wolt vns den feyel nemen weck
Wir woltens důeckisch dannen pringen
Ich hab ein new geschliffne klingen
Darmit hawt ich in durch die schwarten
220 Vnd vmb das mawl schramen vnd scharten
Ich wólt in hawen sambt den seinen
Das die sůnen můest durch sie scheinen
Das manchem lůng vnd leber entpfiel.

Vlla Sewsist

Ich pin auch nit der wengst im spil
225 Ich wil auch hawen zw in allen
Das die stueck von in můesen fallen
Das mans in ain korb zam můs klauben
Ich hab ein guete peckelmans hauben
Vnd auch guet plodermans hentschůech
230 Hab auch an ein panzere průech
Zům haber pin gerueftet ich.

Engelmayr

Schecz auch nit gar für hüelzen mich
Hab auch an ein alte raiſjoppen
Die wil ich auch mit hew auſchoppen
235 Wil auch mein krumbholz richten zw
Vnd wen der neidhart kümen thw
So reib ich palb auf aller ding
Vnd ſchmicz in in ein fiderling
Das ſein ſel müs im gras vmb hüepfn
240 Nůn helft ſo wol wir vor der ſchüpffn
Aufrichten vnſern feyel mayen
Darůmb auch haben ainen rayen
Vnd lat dort niden die hoff ſchranczen
Die weil vmb den pawren dreck danczen

Sie richten den feyel auf

Der Engelmayr ſpricht   [134']

245 Dw uell ſewfiſt vor allen dingen
Müſtw im rayen vns vorſingen.

Haincz ſcheuenfrid

Ja wol ſo wol wir ſingen nach
Hengt an / Mein ſewfiſt nůn anfach

Vlla ſewfiſt ſingt vor

Was wöll wir von den dolppen ſagn
250 Vnd die die kelbren hoſen antragn
Am tancz ſo reckens iren kragn
An feyertagn
So las wirs vmherſchwayffene.

Da trat der krötn albel da her
255 Vnd der het an ein panczer ſchwer
Sein meſſer ſtercz er vber zwer

Prumbt wie ein per
So las wirs vmherschwayffene.

Der neidhart kümpt mit
dem jeckel narren ẛ

Ir dolppn ir habt mir feyel gnümn
260 Ich wil euch auf die hochzeit kümn
Wert euch ir müeft ein kaczen halten

Haincz Schewenfrid greuft an
die wer vnd .ẛ.

Kumb her der deuffel müs dein walten
Haft gleich wie ich ein waichen pauch
Schlechstw mich ẛo triff ich dich auch.

Sie schlagen einander ẛis die
pauren flihen der narr läuft in nach hinaus

Neidhart nembt den feyel
von der ftangen .ẛ.

265 Den feyel wil ich vor alln dingen
Gen hoff nein der herzogin pringen
Darpey erkens die vnfchüelb mein
Las mich ir gnaden diner ẛein.

Jeckel narr kümpt ẛ

Altz herlein drey paurn lieg peim pader [135]
270 Die ẛint geftümelt in dem hader
Engelmayr hat hinden ein fchramn nein
Einr legt im ein zwerch hant darein
Tregt fchon ein arm auch in dem pant
Sein weib die ftet pey im vnd zant
275 Hab im auch die warheit zv fagen

Zwen zen mit meinem kolbn aůsgschlagn
So hat ainer auch ghawen den
Sewfist dem sicht man all sein zen
Auch so hat der selb fraidig dropff
280 Zwo groser schramen in dem kopff
Dem scheůen fried ist ein platn gschorn
Als ob er sey ein můnich worn
Vnd můs auch gen on zwayen kruckn
Důet sie der puckel wider juckn
285 Mǔgen sie sich mer an vns lainen
Die pewrin thůn rocz vnd wasser wainen
Winden ir hent vnd rawffn ir har.

Der neidhart s

Mein jecklein sagstw aber war
Wolauff so wollen wir darfon
290 Habn vnsern eren gnůeg gethon
Redlich an pawren vns gerochen
Sie gstůemelt ghawen vnd gestochen
Jr ains dails auf die stelzn gericht
Wie wol wirt gfallen die geschicht
295 Dem herzogn vnd der herzogin
Vnd auch dem andren hoffgesin
Nůn las vns pald gen vnser strasen
Man wirt pald zu dem nachtmal plasen.

Neidhart get mit dem narren ab

Scheuenfrid kůmpt auf zwayen [135']
kruecken Sewfist hat ain pindn
vmb den kopff

Engelmayr dregt ein arm im pant .s.

Jr lieben nachpaurn wie sol wir rechen

300 Am neidhart dem liſtigen frechen
    Der vns ſo ſchentlich zv hat ghricht

Vlla ſewſiſt

    Wir dürffn vns an in richten nicht
    Mit haber wie wir haben thon
    Wir prechtn noch mer wünden darfon
305 Er iſt vns zu glenck mit der wer
    Mit ſchirmn erlangen wir kain er
    Wir müeſn ein andern ſin anfahen
    Das wir in nür mit liſten ſchlahen
    Darzv rat lieben nachtpaurn mein.

Haincz ſchewen fried

310 Ir lieben nachtpaurn mir felt ein
    Der neidhart hat das ſchöneſt weib
    Im gonczen lant gancz zart von leib
    Das wöl wir dem herzogen ſagen
    Was gilcz er wirt in kürzen tagen
315 Im darnach puelen vmb ſein weib
    Vnd zv ſchand machen iren leib
    Wan im iſt wol mit puelerey
    Mit dem woll wir im kümen pey
    Dardurch wert wir gerochen all.

Engelmayr

320 Ia deinem rat ich auch zv fall
    So wil ich vnd vlla ſewſiſt
    Vns auf machen in kurzer friſt
    Vnd hinein zv dem fuerſten gon
    Vnd dieſe ding im zaigen on
325 Aufs aller peſt vns rechen thon.

Sie gent all drey ab

Actus 3

Der fuerst
get allain ret mit im selb spricht [136]

Nůn můs wir ẙns des neidharcz lachen
Der mit so riterlichen sachen
Sich an den pawern hat gerochen
Die im den feyel habn abprochen
330 Vnd im gepfercht ẙnter den hůet
Darduřch er pracht het in ẙnmůet
Sich in der herzogin ẙngnaden
Das hat er als ẙon im geladen.

Engelmayr kůmpt mit Vlla
Sewfist ẙnd spricht

Gnediger herr ain edel weib
335 In ostereich die schönst ẙon leib
Die lest euch sagen ainen grůes
Weils ewer lieb geraten můs
Eůr hueld sie herzlich geren het

Der herzog s

Wer ist das weib darfon ir ret.

Vlla sewfist

340 Es ist halt gleich des neidhartz weib.

Der herzog

Vnd ist sie den so schön von leib.

Engelmayr s

Pey meim aid die schönst aller frawen.

Der fuerſt

So wil ich ſie auch kurzlich ſchawen
Set habt euch ein drinckgelt zv lon
345 Get ſagt mein grues ir wider on.

Die pauren nemen das gelt
gent ab der herzog .s.

Weil neidhartʒ weib mein iſt pegern
In lieb/ſo wil ich ſie gewern.

Neidhart get ein/der fuerſt .s.

Hor neidhart dw reit haim geſchwind   [136']
Ich wil mit meinem hoffgeſind
350 Morgen im alten forſte jagen
Vnd thw es deinem weib anſagen
Das ſie auf vns koch vnd hab acht
Dw wirſt vns herwergn vbernacht.

Der Neidhart s

Gnediger her das wil ich thon.

Der fuerſt s

355 Neidhart mir iſt geſaget an
Wie dw haſt gar ain ſchönes weib

Neidhart s

Ja ſie iſt ſchön vnd zart von leib
Ir aber iſt vor kurzen jarn
In einer kranckheit widerfarn
360 Das ſie ghort vbel vnd nit wol
Vnd wer nun mit ir reden ſol
Der müs ir zv ſchreyen gar laut.

Der fürst

Ey ey so dawert mich die trawt
Vnd ist auch vmb sie imer schad

Der neidhart .ʒ.

365 Nûn ich wil gen euer genad
Aufrichten all ewer pegern
Vnd gueter herberg eúch gewern.

Neidhart get ab
Der fürst spricht

Nûn ich wil anrichten das jaid
Ob ich krigt freûntlichen peschaid
370 Von der eblen schonen vnd zarten
Wil gen spaciren in irgarten.

Der herzog get ab

Die 3 pawern kümen
der Schewenfrid ʒ

Jr nachtpaûrn was habt ir ausghricht

Engelmayr

Ich hoff es sol vns felen nicht
Neidhardʒ weib mûs das pad aufgiefsn   [137]
375 Der fürst hat genczlich thûn peschliefsn
Er wolt aufs pelbest pey ir sein
Entpûet ir seinen grues hinein
Da wirt der petlers tancz sich machen

Vlla Sewfisst

Ich mûes der narren weis gleich lachen
380 Das wir dem neidhart hinterûeck

Vberliſten durch diſes ſtüeck
Wir künten vns rechen nit pas
Trueg mir im noch ſo groſen haſ
Wie wirt die eyfferſuecht in freſſen
385 Kümbt vnd lat vns das frw mal eſſen

Die pawren gent ab

Der Neidhart kümbt

Der fuerſt wil pey mir keren ein
Jch merck zv lieb der frawen mein
Wan er ain groſer pueler iſt
Hab in gefertigt ab mit liſt
390 Das er lawt mit ir reden ſol
Wan mein fraw die gehor nit wol
Nün ich der gleichen liſte prawch
Wil meiner gmahel ſagen awch
Der herzog gehör auch nit wol
395 Das ſie laüt mit im reden ſol
Als den künens zwiſchen in peden
Nichs haimlichs mit einander reden
Dardurch mir den mein pider weib
Vor dem fürſten pey eren pleib.

Femia neidharcz weib get ein er ſ.

400 Mein Femia ich hab vernümen
Der fuerſt der wert heint zv vns kümen
Herberg nemen in vnſerm ſchlos
Richt zv ain mal herlich vnd gros
Der nachtſel müs wir in geweren.   [137′]

Femia neidhartz weib ſ

405 Mein gemahel das thw ich gern
Er iſt ain ſchöner jünger fuerſt

Freüntlich holtselig vnd gethüerst
Ich wil in gern haben zv gast
Auf das er pey vns hab sein rast
410 Das ich nür gnüg mit im sol reden.

Neidhart s.

Wen ir wolt reden zwischn eüch peden
So müst dw meines herzen drawt
Im in die oren schreyen lawt
Wan er hört sünst kain wort von allen
415 Wan er ist von aim pferd gefallen
Darfon ist er vnghöret worn.

Femia neidhartz fraw s

Mir ist laid vmb den hoch geporn
Nün ich wais mich zv halten wol
Lawt gnüg ich mit im reden sol.

Neidhart s

420 Hör / hör ich hör die jeger horn
Es kümet der füerst hoch geporn
Pald er get in den sal verste
Gar frolich im entgegen ge
Vnd entpfach in mit lawten worten
425 Ich wiln entpfahen vor der pforten.

Neidhart get ab

Der füerst kümpt sie get im
entgegen er vmfecht sie. Lawt

Got grües euch edle frawe fein.

Sie schreit laut

Gott danck eur gnad / o herre mein
Seit mir zv dawsent mal wil kümb.

Der herzog s.

[138]

Ach edle fraw zart schön vnd frŭmb
430 Wölt ir vns heint herberg gewern.

Die fraw

Gnediger herr von herzen gern
Ewr gnad ist mir ain lieber gast
Pey mir zv haben eŭer rast.

Der herzog

Ich frew mich das ich eŭch sol sehen
435 Ich hör eŭch grofes lobe jehen
Ir seit die schönst in ostereich.

Die fraw s

Gnediger her ich hab der gleich
Das hohest lob eŭch horen geben
Vŭr alle fŭersten so icz leben
440 Ir solt mir defter lieber sein.

Der fŭerst geit ir ain ringlein s

Fraw nempt von mir das vingerlein
Das tragent nŭn vmb meinen willen
Vnd seit auch haimlich in der stillen
Meinr liebe darpey ingedenck.

Die fraw spricht

445 Gnediger herr der ewren schenck
Danck ich aufs höchst zv dawfent mal

Der narr spricht

Herlein wie schreiftw in dem sal
Eben sam seistw ein zanprecher

Odr ein pfanenflicker ein frecher
450 Oder sam lockstw ainem füel
Oder seist in einer dratmüel
Es wer gnug wen dw werst ein pawr
Der dölppen ainr von Zeissel mawr
Wie schreist düstüs dahaim doch nit
455 Lieber sag was mainstw doch mit
Ich wils da haim dem frewlein sagen
Die müs dir vbert gamillen zwagen.　　[138']

Der herzog ʒ

Jecklein sag nichs von disen sachen
Wil dir ein newen kolben machen.

Der neidhart get ein ʒ

460 Ewr gnad kümb auf den inern sal
Da wöll wir essen das nachtmal
Vnd darnach ainen schlaff drünck thon
Nach dem zv rw ins pete gon.

Jeckel narr ʒ

Ghey hin ein wir woln nach hin kümn
465 Vor hünger thuet der pauch mir prümn
Ge hais den koch nür richten on
Wil mit eim sewsack ain vortancz hon
Zwolff semel vnd ein virmas wein
Das solen mein dancz junckfraw sein.

Sie gent alle ab

Neidhart kümpt rett mit im selb

470 Der füerst hebt wol zv puelen on
Ich hab im ein knopff darfüer thon

Wan sie nichts haimlichs zwischn in peden
Da künen mit einander reden
Sünder schreyen einander on
475 Das es mag horen idermon
Ich müs pald wider gen hinein
Sie haisen alle frölich sein.

Reidhart get ab

Der narr kümbt vnd s

Mein herlein ist wilpret vnd fisch
Vnd schreit auch so laut vber disch
480 Mich dunckt er wöll gleich narrat wern
Das sech vnd hort ich nit vast gern
Wan wen er gar würt zv aim lappen
So nem er mir kolben vnd kappen
Vnd trüeg sie darnach selber on   [139]
485 Was wolt ich armer jecklein hon.

Der jegkl narr get ab

Der fuerst kümpt ret mit im .s.

Ich kan warlich nach meim gedingen
Kain pfeil pey der frawen aufpringen
Ich schrey lawt/lawt schreit sie hinwider
Das vnsre wort horet ain ieder
490 Meinr puelrey müs ich mich verwegen
Ich wil gen den neidhart gesegen
Vnd auch sein edle frawen zart
Darnach mich machn auf die haimfart
Dem puellen nit weiter nach hoffen
495 Die weil ich hab ain trappen gschoffen
Müs mir selb lachen dieses poffen.

Sie gent alle in ordnung ab

Der narr kůmbt vnd peſchleuſt

Alſo ent ſich das neidhart ſpil
Vnd ob wir im hetten zů vil
Gethon mit wercken oder worten
500 Pit wir verzeyhung an den orten
Wan jecklein vnd die paurn gemein
Die kůnt ie nit höfflicher ſein
Retten von der ſach wie die was
Vnd kůnten nit peſchneiden das
505 Wie man den icz zů faſnacht thůet
Drůmb pit wir nembt hie mit vergůet
Das vns kain vnwil daraus wachs
Das peger wir mit vns hans ſachs

Die perſon in das ſpiel

Herzog fridrich zů oſtereich	I
Ewfronia ſein gemahel	2
Der neidhart	3
Femia neidharcz gemahel	4
Jeckel narr	5
Engelmayr	6
Haincz ſchewen frid 3 pauern	7
Vlla ſewfiſt	8

[139']

Anno ſalutis 1557
am 9 tag februari
508

Ein Faſnacht Spiel mit 4 perſon
Der doctor mit der groſen naſen

Der junckher get ein mit ſeinem
knecht friczen vnd ſpricht

Jch hab dúrch ein potten vernúmen
Es werd hewt ein gaſt zv mir kúmen
Der kúnſtlichſt man im deutſchen land
Paide mit múnd vnd auch mit hand
5 Iſt ain doctor der arzeney   [49]
Auch kúnſtlich in der alchamey
Artlich auf allem ſaitenſpiel
Auch rúnd mit ſchieſen zv dem ziel
Zv dem waid werck kan er auch wol
10 Vnd was ein hoffman kúnden ſol
Kan was gehórt zv ernſt vnd ſchimpf
Vnd als hófflich mit feinem glimpf
Iſt angnem pey fuerſten vnd herren
Paide pey nahet vnd den ferren
15 Helt ſich gancz wol pey ibermon
In ſicht doch nymant darfúer on
Der ſelbig wirt mir wonen pey
In dem Schloſ ein tag oder drey
Da werden wir zwiſchen vns peden
20 Núr von artlichen kúnſten reden
Den wil ich tractyren aufs peſt
Als ainen meiner liebſten geſt
Den halt dw auch erlich vnd wol
Wie man eren man halten ſol
25 Daran thúſtw mir ein wolgfallen.

knecht Fricz s

Júnckher ja ich wil in ob allen
Erlich halten nach ewer ſag

Im dinſtlich ſein ſo vil ich mag
Wil im abzihen die ſtiffel ſein
30 Vnd die aufpúczen wol vnd fein
Im aufhebn watſack / búchſen vnd ſchwert
Mit fleis verſehen im ſein pfert
Mit ſtrewen / ſtrigeln / fútern vnd drencken
Doch junckher ains iſt zv pedencken
35 Vnſer narr iſt mit worten reſch
Vnd richt oft an gar ſelzam weſch
Wan er ſtecket vol phantaſey
Vnd placzt oft vngſchwúngen in prey
Verpit ſolichs dem dollen thier.   [49′]

Der junckher ſchreit

40 Jeckle / jeckle / kumb rein zv mir.

Der Jeckle narr rawſcht
hinein vnd ſpricht

Junckherlein ſag was ſol ich thon
Sol ich den koch haiſn richten on
Húngert dich ſo iſt dir als mir
Wen mich durſt wer mir auch wie dir.

Der junckher

45 Jeckle es wirt kúmen ain gaſt
Schaw zv das dw in erlich haſt
Er iſt ain kúnſtenreicher mon.

Jecklein narr

Mein herlein ſag mir was er kon
Iſt er ſeinr kúnſt ain gueter koch
50 So halt ich in erlich vnd hoch
Kan er guet faiſte ſúeppen machen

Dar mith ich fúelt mein húngring rachen
Guet schweine praten vnd rotseck
Oder ist er ain semel peck
55 Kan bachen speckúchen vnd fladen
So hab ich seiner kúnst gros gnaden
Oder ist er ain rúnder keller
Tregt aúf rein wein vnd múskadeller
Vnd newen wein in grosen flaschen
60 Das ich kúnt meinen goder waschen
Da wolt ich schlemen fressn vnd saúffen
Das mir aúgn múesten vberlaúffen
So wer mir warlich lieber er
Als wen er der kúnstreichst goltschmid wer.

Der junckher .s

65 Jecklein / jecklein / dw pist grob
Sprich dem herren preis / er vnd lob
Vnd frag nit weiter was er kon
Er ist ain kúnstenreicher mon
Icz kúmbt er thuet in hoff nab gen   [50]
70 Vnd nembt von im das ros all zwen.

Sie gent all paid ab

Der junckher redt wider sich
selb vnd spricht

In vil jarn ich den lieben mon
Warhaftig nie gesehen hon
Ich frew mich sein pey meinem aid
Ich denck wol das wir alle paid
75 Etwas vor pey den zehen jarn
Oft frólich mit einander warn.

Sie gent mit dem doctor ein

Der junckher pewt im die hent
vnd s.

Mein herr doctor seit mir wilkûm
Zv dawsent mal / Pin ich eren frum
So hab ich warhaftig in nehen
80 Kein gast von herczen lieber gsehen
Ich las euch in acht tagn nit hin.

Der doctor mit der grosen nasen

Mein junckher ich gefordert pin
Auf morgen mûs ich zv Bamberg sein
Doch hab ich zv euch keret ein
85 Die alten freûntschafft zv vernewen
Doch mûes ich wider pey mein trewen
In zwayen stûnden gwis auf sein.

Der junckher .s.

Ge Fridrich trag auf rotten wein
Seczt euch her doctor / ir habt gûet zeit
90 In neun stûnden ir nûeber reit
Last vns von newer zeittung sagen
Was sich im teutschlant zv hat tragen.

Der knecht pringt die schewern mit
Wein dem junckherrn der .s.

Herr doctor nûn seit gueter ding
Ein starcken drunck ich euch hie pring   [50']

Vnd drinckt / der doctor .s.

95 Mein junckherr den gesegn euch got
Der wein von farben ist gûet rot.

Der doctor drindt vnd darnach s.

Ich glaub das sey ein welschwein guet
Welchen man den curs nennen thuet.

Der jeckle narr gnipt vnd gnabt
da her lacht ser vnd spricht

Klains herrlein got gsegn dir dein drincken
100 Wie haftw so ain schonen zincken
Er hat die leng foren hinauff
Es sessn wol sieben hennen drawff
Ey lieber nenn dich wie dw heist
Ich glaub der nasen küng dw seist
105 Aus allen grofen nasn erkorn
Dw hast ie ain schones leschorn.

Der doctor schembt sich vnd
schawt vntersich der junckher s.

Schweig jeckl nar das dich trues ruer
Stos den narn naus für stuebtuer

Fricz der knecht stöst den narren
hinaus

Der junckher redt weiter

Er dalet wie ein alte hecz
110 Wer mag hören sein vnuecz gschwecz
Mein herr doctor kumbt schawt mein new
Zierlich vnd gewaltig gepew
Ain schlos pawt ich in jar vnd tagen.

Der doctor s

Ja von dem paw so hört ich sagen
115 Weil ich noch war in dem Welschlant
Von aim der euch ist wol pekant.

Sie gent all drey ab

Jeckle nar schleicht hinein s.

Mein junckher sagt ich solt den mon
Gros zuecht vnd er peweisen thon
Da sach ich nichts groesers an im   [51]
120   Den sein naffen als mich gezim
Die im schir zv deckt sein angsicht
Da ich die lobt gfiel es im nicht
Wie wol im vil er erpot
Haucht er sich niber wart schamrot
125   Als ob ich in het angelogen
Hab ich ie die warheit anzogen
Sein nasen sey pucklet vnd hogeret
Vol engerling / wimret vnd knogeret
Er hort leicht die warheit nit gern
130   Ich wil die sach mit luegn erclern
Ob ich wider erlanget hüelb
Hab ie sein feintschaft nit verschüelb.

Fricz der knecht get ein s.

Jecklein lieber schweig doch nur stil
Der junckher ernstlich haben wil
135   Dw solt gar kein wort mer jehen
Den doctor zv hon oder schmehen
Er ist dem junckhern ain lieber gast.

Jecklein narr

Ey wie wol dus getroffen hast
Peim ars im schlaff mein lieber fricz
140   Kumb her vnd kües mich da ich sicz
Sag hat das herrlein nit der masen
Ein grose rotte küpffern nasen
Der gleich ich kaine hab gesehen

Hab in zům nafen kůng verjehen
145 Weil sein nas war so dick vnd lanck
Hab doch verdint des deuffels danck
Dw stiest mich naus wie ainen hůnd
Wen sie icz wider keren důnd
Wil ich die warheit an den enten
150 Dem herrlein fein hofflich verquenten
Das wird im leicht gefallen pas
Auf das er mich zv friden las. [51']

Der junckherr kůmbt wider mit
dem doctor vnd .8.

Herr doctor wie gfelt euch mein gepew.

Der doctor .8.

Aufs aller past pey meiner trew
155 Als obs lůcůlůs het gepawt
Der römer / ich habs gern geschawt
Wolt auch geren sehen darpey
Mein junckher euer lieberey
Weil ir die seit her zehen jar
160 Wol pessert habt glaub ich vůrwar
Weil durch den druck seit her ich sag
Vil gueter půechr kamen an tag
Der habt ir on zweyffel ain dail

Der junckher

Ja was von guetn půechern wirt fail
165 In deůtscher sprach die kauff ich auf
Hab ir pracht int liebrey zv hauf
Daran ir euren lust wert sehen
Wan ich mag in der warheit jehen
Kain gröser frewd hab ich auf erd
170 Den zv lesen die půecher werd

Da ich deglich erfar das pest
Das ich vor gar nit hab gewest
Als ein lay vnd vnglerter mon.

Der doctor

Das ist löblich vnd wol gethon
175 Nun laſt mich diſen ſchacz auch ſehen.

Der junckherr

Herr doctor kümbt es sol geschehen.

Der narr drit hinzv naigt
sich gen dem doctor .S.

Dw gros / grader paümblanger mon
Jch pit wolleſt mir zaigen on
Wo haſt dein klain neßlein genümen   [52]
180 Von wannen piſtw mit her kümen
Jch main dw habs aim kind geſtoln.

Der doctor .S. zornigelich

Ey sol ich solich schmach red doln
Die ich nun zwaymal hab eingnümen
Mich rewt ſchir das ich rein pin kumen
185 Sol ich das leiden von dem gecken.

Der junckher

Fricz ſchlag pald hinaüs mit aim ſtecken
Den narren das in trues ankümb
Der narr iſt alſo doll vnd dümb

Man ſchlecht den narren hinaüs

Der junckher rett weiter

Er pſchnatert alles was er sicht
190 Herr laſt euch das anfechten nicht

Der narr thut mir kain dinst daran
Kein mensch im das abzihen kan
Kumbt mit mir in mein lieberey
Da werdt ir finden mancherley
195 Puecher gaistlich zw gottes glori
Philosophey weltlich histori
Poetrey fabel vnd güet schwenck.

Der doctor ß

Ja junckher ich gleich wol gedenck
Der nar hab seinr zůngen kain gwalt
200 Ich las gleich guet sein der gestalt
Wen mir der gleich nůr nit mer gschicht.

Der junckher .ß.

Herr wen der nar ein wort mer spricht
Das euch zů ainr schmach raichen sol
Wil ich dem knecht pefelhen wol
205 Das er den narrn pint an ain sewl
Mit ruetn haw pis er wain vnd hewl
Das im das pluet herab mus gon   [52']
Kůmbt sECHT mein lieberey fort on.

Sie gent paid ab

Jeckle der narr get ein ret
mit im selb vnd spricht

Ich hab zů reden heůt kain glůeck
210 Es felet mir in allen stůeck
Wen gleich die warheit sage ich
So stöst man aůs der stůeben mich
Vnd kůmb ich den mit luegen sagen
So thuet man mich mit stecken schlagen
215 Das herrlein ist an im selber klein

Doch iſt ſer gros der zoren ſein
Wie man ſagt klainē mendlein vor zeit
Der dreck nahet peim herzen leit
So iſt dem auch thůet mich pethorn
220 Mag weder lueg noch warheit horn
Pocz dreck/was ſol ich nun anfangen
Des klain herleins hueld zů erlangen
Ich wil halt ſagn dem groſen mon
Sein naſn ge mich gar nichs mer on.

Fricz der reitknecht kumpt .ß.

225 Sich jecklein piſtw wider hinen
Las dir fort mer kain wort entrinen
Das doctors naſen an thw treffen
In zů verſpoten noch zů eſſen
Ich můs ſunſt hawen dich mit rueten
230 Das dir der ruck vnd ars můs plüeten
Darumb ſo hab rw allers narrn.

Der Jeckle narr .ß.

Ich main der doctor hab ains ſparn
Im kopff zw weng oder zů vil
Das er mich nit vernemen wil
235 Hab ich doch ie an dieſem ort
Zw dem herrlein geret kain wort   [53]
Den was ſeinr naſſn zů lob vnd er
Raicht/hab gefolgt des junckhern ler
Weil ſunſt nichs groſers an im iſt
240 Den ſein naſen hab ich nit gwiſt
Was er ich im erpitten ſol
Den ſein naſen zů loben wol
Fort wil ich nit mer loben den
Wil ſeiner naſen můſig gen
245 Vnd im das ſelb auch ſagen zů.

Fricz der knecht

Mein lieber Jecklein sey mit rw
Sag von seinr nafen mer kain wort

Jeckle narr

Hör friblein ich glaub an dem ort
Sein nafen kumb im nit recht her
250 Weil darfon nit hört geren er
Reden öffenlich noch verholn
Er hat vileicht sein nafen gstoln
Dem kremer der hat nafen fail
Oder hat gar zwen ganczer thail
255 Zw fam gnumen zv ainer nafen.

Der knecht fricz

Jecklein thw mit frib in lafen
Vnd schweig gar von der nafen ftil
An feiner naffn gwinft nit vil

Jecklein narr

Pocz dreck / forgftw / forg ich doch nit
260 Deint halb schweig ich nit ich hoff mit
Das herrlein zv aim freünt zv machen
Das dw mein felbert noch wirft lachen
So er wirt meiner vnfchuelb ynnen
Wil ich sein günft vnd huelb gewinnen
265 Er wirt mir noch ain paczen schencken
Den wil ich an mein kappen hencken   [53']
Drümb vetsch dich von mir las mich gen.

Fricz der reitknecht

Ich las dich dein abenteur pften
Doch ftilschweigen das nüeczeft wer
270 Dort kümens mit einander her.

Sie kûmen paid wider

Der doctor ſpricht

O junckher wie ein dewren ſchacz
Hapt ir von pùchern auf dem placz
Solch meng het ich pey euch nit gſûcht
Gûet pùcher leſen / gibt gros frûcht
275 Voraus wo man darnach richt eben
Gedancken / wort / werck vnd gancz leben
Den wirt man tugentreich darfon
Auch lieb vnd wert pey idermon.

Der narr klopfft den doctor auf
die achſel vnd ſpricht

Herlein mich nit mer anſicht
280 Dw habſt ein naſſen oder nicht
Sie ſey geleich gros oder klein
Sols von mir vnpekreet ſein.

Der junckherr

Fricz nem den narn ins dewffels namen
Vnd pint im alle vire zamen
285 Mit ainem ſtrick wie ainem kalb
Zeuch in ab ſtreich in allenthalb
Mit ainer geſchmayſigen rueten
Vnd hòr nit auf pis er thw plueten.

Der doctor

Mich dunckt mein ſey zv vil im haus
290 Ich wil gen machen mich hinaùs
Weil mich der narr drey mal der maſen
Mich fretet hat mit meiner naſen
Mich vertrewſt hart ſolich vexiren.   [54ʹ]

Der junckher .S.

Herr doctor last euch das nit irren
295 Wie ich euch den sagt im anfang
Wan ider fogel singt sein gsang
So thuet mein narr reden vnd kallen
Alle ding wie sie im einfallen
Auch alles was er hort vnd sicht
300 Das lest er vnpegeckert nicht
On alle schew vnd hinterhüet
Darumb man in oft plewen thüet
Doch pleibt er gleich der narr wie vor
Ein gschwecziger phantast vnd thor
305 Wan wer er gescheid so thet ers nit
Derhalb mein herr so ist mein pit
Wolt mirs in uebel nit zv messen
Vnd thuet zv mitag mit mir essen
Es ist peraitet schon der disch
310 Mit wilpret / hasen / fogl vnd fisch
Kümbt nur rein mit mir auf den sal

Der doctor .S.

Ja wol / mein fricz ge nab in stal
Strigel vnd satel mir das pfert
Das nach dem mal ich gfertigt wert
315 Wan es ist warlich hohe zeit
Das ich heint noch gen forchaim reit.

Sie gent paid ab

Der narr haspelt hinein
vnd peschleüst

Hie nem ein peyspil fraw vnd mon
Pey mir wer auch nit schweigen kon
Sünder peschnattert alle ding

320 Obs gleich schant oder schaden pring
Es sey auch gleich war oder nicht
Noch ers auf das spötlichs außricht
Darauf hat er am maisten acht   [54']
Wescht fuer vnd fuer gar vnpetacht
325 Wil oft ein sach pessern vurwar
Vnd verderbt sie erst gancz vnd gar
Vnd auch kainer person verschonet
Wer des faczwercks also gewonet
Wirt feintselig pey idermon
330 Nembt auch vil auf neschlein daran
Let auch auf sich vil neid vnd has
Das schweigen im peköm vil pas
Das alt sprichwort guet küntschaft git
Mit schweigen verett man sich nit
335 Het ich auch gschwigen von der nasen
So het man mich vngschlagen glasen
Wil mich nün schweigens nemen an
Das ich vngschlagen kum darfon
Auf das mir nit ain vnglueck wachs
340 Aus anderm vnglüeck spricht hans sachs.

Die person in das spil

Junckher der edelman   1
Der doctor mit der grosen nasen 2
Fricz der reitknecht   3
Jeckle der narr   4

Anno Salutis 1559
am 13 tag decembris
340

ANHANG

Zum Spiel von den 'ungleichen Kindern Evae'.

Hans Sachs — Meistergesang

[M 12, 145'] **Die vngleichen kinder Eve**

In dem zarten thon Frawenlobs

I

Nach dem Eue vil kinder het
Gezewgt verstet
Ains dags der her wolt kümen das er mit ir ret
Jr schönste kinder sie auf müczt   [146]
5   Sie padet strelet zaffet schmücket zirt vnd püezt
Vnd stelen thet
Das der herr segnet sie.

Jr andre kinder vngestalt
Jung vnde alt
10 Versties sie in das hay vnd stro vnd sie fast schalt
Ains tails schob sie ins offenloch
So verparg Ewa sie wan sie furchtet gar hoch
Des herren gwalt
Der wurt verspoten die.

15 Als nün der herr zw Eua kam eingangen
Wart von den schönen kinden er entpfangen

Sie künden vor im prangen
Wie sie Heüa hat angelert
Der herr geert
20 Sich zv in kert
Vnd segnet sie alhie.

2

Sprach zv aim Dw ain künig sey
Zv dem darpey
Sey ein fürst vnd zwm driten Dw ein grafe frey
25 Zümb virden Sey ein ritter schon
Zümb fünften sprach er Vnd dw sey ein edelmon
Zumb sechsten ey
Dw sey ein purger reich.

Als Ewa hort des segens wort
30 Da loff sie fort
Holt ire kinder igliches von seinem ort
Vnd stelet sie alle vor got
Ein gstrobelt vnlustig lausig grintige rot
Schwarz vnd verschmort
35 Vast den zigeunern gleich.

Der herr det des rostigen hauffen lachen
Dett pauren vnd hantwercker aus in machen
Zw malen vnd zv pachen   [146']
Schuester weber vnd lederer
40 Schmid vnd wagner
Waidleüt fischer
Fuerleüt vnd der geleich.

3

Eüa die sprach gar trüczigleich
O herre reich
45 Wie deilestw dein segen aus so vngeleich

Weil die kinder sint allesam
Geporen von mir vnd von meinem man adam
Dein segen gleich
Solt über sie all gon.

50 Got sprach Es stet in meiner hant
Das ich im lant
Mit lewten müs peseczen ein iglichen stant
Darzw ich lewt den auserwel
Vnd idem stant seines geleichen lewt zv stel
55 Auf das nimant
Geprech was man sol hon.

Also durch diese fabel wirt pedewte
Das man zv idem stant noch findet lewte
Darpey man spüeret hewte
60 Wie got so wünderpar regirt
Mit weißheit zirt
Er ordinirt
Zw idem werck sein mon.

Anno salutis 1547
am 25 tag augusti

Hans Sachs — Schwank

[A 2, 4, 83ᵇ] Die vngleichen Kinder Eue.

Je Glerten haben zugericht
Vor Jaren ein lieblich Geticht
Nach dem Gott der HErr beschuff
All Creatur durch wortes ruff
5 Der vnserm ersten Vater Adam
Ein Ripp auß seiner seyten nam
Daraus Eua das Weib jhm bawt

Vnd sie Adam Ehlich vertrawt
Gab jhn darnach sein Segen werd
10 Sprach Mert euch / vnd erfüllt die Erd
Als aber sie nach dieser That
Nach des Sathanes falschen rath
Assen von der verpotten speisz
Trieb sie Gott ausz dem Paradeisz
15 Vnd waren in Gottes vngnaden
Nach diesem verderblichen schaden
Bawt Adam die vnfruchtbar Erdt
Jm schweisz seins angsichts mit beschwert
Eua aber das Weib fürwar
20 In schmertzen viel Kinder Gepar
Die waren eins theils schön vnd Adelich
Subtiel Gelied masiert vntadelich
Sinnreych / geschickt / höflich / geperlich
Doch het sie viel Kinder geferlich
25 Toll / töllpet / grob vnd vngstalt
Vngleich den Kindern oberzalt
Derhalb Eua die Mutter klug
Die schönen Kinder fürher zug   [83ᶜ]
Vnd het sie gar holdt / lieb vnd wert
30 Der andern Kinder sich beschwert
Vnd achtet sich jr nicht so hart
Weil sie warn gschlagen ausz der art
Nun der vngstalten Kinder zal
Die waren sehr viel vberal
35 Die liesz Eua gehn wie sie giengen
Aber kürtzlich nach diesen dingen
Der Allmechtige gütig Gott
Eua durch sein Engel entpot
Er wolt zu jr kommen hinausz
40 Schawen wie sie auff Erd hielt Hausz
Mit jren Kindern vnd Adam
Bald Eua die potschaffte vernam

Do war sie fro der Gottes gnaden
Dacht sein zukunfft/wird sein on schaden
45 Keret vnd schmucket das gantz Hausz
Mit Grasz vnd Blumen überausz
Stecket Meyen in all Gaden
Vnd thet jr schöne Kinder baden
Strelen/Flochten vnd schmückt sie schon
50 Legt jhn Newgwaschne Hembder on
Thet jhn auch fleissigklich anzeigen
Wie sie sich höflich solten neygen
Vor dem HErren/vnd jhn enpfangen
Ir Hend bitten/fein züchtig prangen
55 Aber der andern Kinder vngstalt
Verstie z sie alle Jung vnd Alt
Eins Theils verbarg sie in die Strew
Eins Theils vergrub sie in das Hew
Eins Theils stiesz sie ins Ofenloch
60 Wann sie forcht sehr/der HErre hoch
Würd spotten jr/ob diser Zucht
Der jren vngestalten Frucht
Als aber nun der HErre kam
Die schönen Kinder allesam
65 Hett sie gestellet nach einander
Entpfiengen den HErrn allesander
Neygten sich höflich an dem endt
Vnd boten jhm die jren Hendt   [83ᵈ]
Nach dem knyten sie nieder schon
70 Vnd beteten den HErren on
Nach dem der milte HErre gütig
Segnet die Kinder gar senfftmütig
Nach einander an diesem Endt
Vnd legt auff den Ersten sein Hendt
75 Vnd sagt zu jm/du solt auff Erden
Ein gewaltiger König werden
Vnd solt halten in deiner Hendt

In der Welte das Regiment
Zum andern du ein Fürste sey
80   Zum dritten du ein Grafe frey
Zum vierden du ein Ritter schon
Zum fünfften sey du ein Edelman
Regieren solt jr Lewt vnd Land
Vnd haben stet die oberhand
85   Zum sechsten sprach er dergeleich
Du aber sey ein Burger reych
Zum siebenden sey ein Kauffman
Grosz glück soltu auff Erden han
Zum achten du werd wolgelert
90   Ein Doctor weisz vnd hoch geert
Gab also jhn all reychen segen
Eua diese ding thet erwegen
Weil der HErr so mit milter handt
Die hat gesegnet allesandt
95   Dacht ich wil bringen auch herein
Die vngestalten Kinder mein
So wirdt sich Gott noch mehr erbarmen
Auch der Vngestalten vnd Armen
Lof nausz / vnd holt auch ausz dem Hew
100   Ausz der Krippen vnd ausz der Strew
Vnd ausz dem Ofenloch gar baldt
Auch jre Kinder vngestalt
Vnd führet sie hinein für Gott
Ein vnlustig / gestrobelte Rott
105   Grindig vnd Lausig / zotet vnd kussig
Zerhadert / geschmutzig vnd russig
Grob / vngeschickt / Tölpet vnd Tötschet
Schlüchtisch on zucht / peurisch vñ lötschet   [84ª]
Als der HErr sah den rotzig hauffen
110   Da für jhm sthen kreisten vnd schnauffen
Da must der HErr jr aller Lachen
Sprach Eua was meinst mit den sachen

Eua ſprach HErr gib in den Segen
Weil du biſt gütig allewegen
115 Laſz ſie jr vngſtalt nicht entgelten
Sie kommen zu den Lewten ſelten
Derhalb lehren ſie hie auff Erd
Nicht ſehr viel höflicher geperd
Der HErr ſprach daſſelb ſeh ich wol
120 Yedoch ich ſie auch ſegnen ſol
Durch meinen Geyſt an diſem end
Vnd legt dem erſten auff ſein Hend
Vnd ſprach du ſolt werden ein Bawr
Dein Narung ſol dir werden ſawr
125 Solt andern bawen Weitz vnd Kern
Zum andern ſprach er du ſolt wern
Ein Fiſcher / vnd ſolt fahen Fiſch
So ghören auff der Herren Tiſch
Sey ein Schmied thet dem dritten ſagen
130 Mach Senſſen / beſchlag Roſz vñ Wagen
Zum vierden ſprach er ſey ein Ledrer
Zum fünfften du ſey ein Weber
Vnd wirck Leynen vnd Wüllen Thuch
Zum ſechſten du mach Stiefl vnd Schuch
135 Zum ſiebenden ſprach ein Schneyder ſey
Mach Hoſen vnd Wammes darbey
Zum achten / ſey ein Haffner du
Mach Hefen vnd auch Krüg darzu
Den neunten redet er auch an
140 Du aber ſey ein Karrenman
Den zehenden gab er ſein Segen
Du bleib ein Schiffman allewegen
Das du die Lewt führſt vber Reyn
Zum eilfften du ſolt ein Bot ſein
145 Der Brieff thu hin vnd wider tragen
Vnd zu dem zwölfften thet er ſagen
Du aber ſolleſt bleiben ſchlecht

Dieweil du lebeſt / ein Hauſz Knecht   [84ᵇ]
Als Eua höret dieſe wort
150 Gemelten Segen an dem ort
Do ſprach ſie lieber HErre reych
Wie theilſte ſo gar vngeleich
Dein ſegn / was zeychſt die armen Rott
Das dus alſo trittſt in das Kot
155 Das ſie auff gantzer Erd allein
Sollen der ander Fuſzſchemel ſein
Weil ich die Kinder alleſam
Geporn hab mit meim Mann Adam
Drumb ſolt dein guter ſegen reych
160 Vber ſie alle gehn geleich
Der HErr ſprach Eua nimb bericht
Der ſach verſtheſtu warlich nicht
Du weiſt ich bin der eynig Gott
Derhalb gepürt mir vnd iſt not
165 Das ich verſech die gantze Welt
Mit deinen Kinden obgemelt
Mit Lewten zu den Regimenten
Vnd dergleich zu den vntern Stendten
Auff das ſie mit einander wandern
170 Kein theil kunt beſthen on den andern
Wenn ſie all Fürſten, vnd Herrn wern
Wer wolt bawen Korn vnd Kern
Wer wolt Treſchen / Malen vnd Bachen
Schmieden / Weben vnd Schuemachen
175 Zimmern / bawen / ſcnitzen vnd dreen
Graben / Gieſen / ſchneyden vnd Neen
Schaw zu dem allen ich erwel
Vnd eim yeglichen ſtandt zuſtell
Lewt / nach dem ſie geſchicket ſein
180 Denſelben zuuertretn allein
Auff das in allem Standt vnd Ampt
Auff gantzer Erd werd nichts verſambt

Das ein Standt den andern erhalt
Mit hilff auſz meim Göttlichen gwalt
185 Sie doch alle erneeret werden
Yeder in seinem standt auff Erden
Das also gantz Menschlich geschlecht
Bleib einander eingleibet recht   [84c]
Gleich wie in einem Leib die Glieder
190 Da antwort jhm Fraw Eua wider
Ach HErr vergieb / ich war zu jech
Dein Göttlicher will der geschech
An mein Kinden nach deiner Ehr
Ich will dir nichts einreden mehr.

Der Beschluſz

195 Nun auſz dieser lieblichen Fabel
Lehr wir gleich wie auſz einr Parabel
Das man zu allen Hedeln hewt
Noch allezeyt sich finden Lewt
In allen Stenden hin vnd wider
200 Beide in hohe vnd in nider
Kein standt noch ampt so ring vnd schlecht
Man findt in Menschlichem Geschlecht
Lewt die sich willig geben drein
Darbey spürt man heimlich allein
205 Wie Gott so wunderbar regieret
Vnd also weiſzlich ordiniert
All Stendt das im Wesen besthe
Menschlich Gschlecht vnd orndlich ghe
Wiewol Ober vnd Vnterthan
210 Vnser zeyt gröblich felen dran
Da keiner bleibt in seim beruff
Darzu jhn Gott der HErr beschuff
Wil gar nicht dran begnüget sein
Vnd dringt sich yeder weyter ein

215 Seinem Nechſten zu merckling ſchaden
Darmit wern all Stend vberladen
Da jmmer einr den andren dringet
Betreugt veruorteilt ſchindt vnd zwinget
Wider all Gottes ordenung
220 Derhalb leyt yetzund Alt vnd Jung
Viel vnbilliges vngemachs
Gott wends zum beſten wünſcht H. ſachs.

Anno ſalutis 1558 Jar/
Am 6. Tag Januarij.

Johann Agricola

Die ungleichen Kinder Evae

[163ᵇ] ... Wer adelich handelt vnd wandelt vnter den
leutten/der iſt eddel/weñ er gleich vom geringſten ſtande
geboren were/Wer aber vnehrlich handelt vñ wandelt/iſt
vneddel/wenn er gleich von Königlichē ſtamme geborn
were/Sonſt ſind wir vnſer gepurt halben von Adā gleich
eddel wie diſz wortt lauttet vnd war iſt/Do Adam reutte
vnd Eua ſpan/wer was do ein eddelman/Es ſagen
etliche ſchertzweyſe/Die Furſten/herren vnd eddelleute
haben yhre ankunfft daher/Do Adam reutte vnd Eua
ſpan/gewan Eua vil kinder/auff eine zeyt [164ᵃ] wolte
vnſer Herr Gott zu Eua gehen/vñ beſehen/wie ſie hauſz
hielte/Nu hette ſie eben alle yhre kinder auff ein mal
beyeinander/vnd wuſch ſie vñ ſchmuckt ſie/Do aber Eua
vnſern Herr Gott ſahe kommen zu yhr/hette ſie ſorge/er
mochte yhre vnkeuſsheyt verheben/ daſz ſie ſouil kinder
hette/vnd fuer her vnd verſteckte etliche ynns ſtroe/
etliche yns hew/etliche ynns offenloch/die aller hubſch=
ſten aber behielt ſie bey ſich/Vnſer Herr Gott ſahe die

geputzten kinderle an/Vnd sprach zu einem also/Du solt
ein Konig seyn/Zum andern/Du solt ein Furst seyn/
Zum dritten sprach er/Du solt ein eddelman seyn/Zum
vierdten/Du solt ein Burgermeister seyn/Zum funfften/
Du solt ein Schultheysz/Vogt odder Amptmann seyn.
Do nu Eua sihet/dasz yhre kinder so hervorn waren/so
reychlich begabet waren/sprach sie/Herre ich hab noch
mehr kinder/ich wil sie auch herbringen/Do sie nun
kamen/waren sie vngeputzet/schwartz/vnd vngestallt/
das har hieng voll stroe vnd hew/Do sahe sie vnser Herre
Gott an/vnd sprach/Yhr sollet Bawren bleiben/Kwe=
vnd Sewhirtten/Ackerleute/Etliche von euch sollen ynn
stedten handtwerck treyben/brewen/bachen/vnnd den
ersten Herren dienen. [164ᵇ] Schertzweise sage ich/ist disz
geredet/aber das ist dennoch war/dasz Gott vnterscheyd
auff erden haben wil vnter den leuten/Gott ordnet vnd
setzet obrickeyt/darumb ist adel von Gott/Summa/Gott
schafft alle stende auff erden.

Vigilius Pacimontanus

Die ungleichen Kinder Evae

[...] Got der Allmächtig/do er hymel vnd erden be=
schaffen/vnd alles wz darinnen was/wolt er auff ein zeyt
nit lang darnach/was er gemacht het selbs besehen vnd
haymsuchen/wie er doch sein erschaffen Völcklin hawset/
jne gepott gebē/ein Regiment vndter jnen besetzē/vnd ord=
nung auffrichten/Oberkait vnd Vndterthanen stifften rc.
On gefähre sihet jn Eua daher ziehen vber die hayde/
sampt seinen lieben dienerñ vnnd Englen/Die Eua aber/
vnser aller erste mutter/hette ire kinder gebadet/butzet/
vnd auff den künfftigen tage hernach/daran der vatter

Adam fåſt halten wolt / opfferen vnd predigen / fein ſawber
geſchmucket: Es warde aber jr zů kurtze / der kinder zůuil /
der Herre Gott vbereylet ſie / daß ſie nit kundt allen radt
thon vnd ſewberen / verſtecket dieweyl bald die vnſawberen
in̄ das håw vnd ſtrow / bey dem vihe: diſe aber die ſie wol
gewaſchen / herfür geſtrichen vnd gezieret het / ſtellt ſie
fein ordenlich nach einander her / daß ſie des Herren
Gottes vnd erſchaffers ſolten erwarten vnnd emphahen.
Da nun der Herr Gott in̄ das hawſe eintrat / Empfienge
jn die mütter ſampt den kindern / reckten dem Herrn̄ die
hånde dar / naigten ſich gegen jm / vnd ſtellten ſich ſtille /
fein Erbar vn̄ züchtig nach einander her. Gott redet die
mütter fein freündtlich / tröſtlich vnnd lieblich an / ſie ſolt
ſich wol gehaben / er wölle Vatter vnnd gnådiger Gott
ſein / er hett jnen das leben geben / er wölt es auch erhalten
rc. Lobet hie neben die mütter / daß̄ ſie jre kinder alſo
fein / züchtigklich zů Gotes forcht vn erbarer [Bl. IIIᵃ]
zucht gewiſen vnd aufferzogen het. Sagt Gott weiter zů
Eua / Liebe Eua / diſe zucht iſt nur ein anfang / vnnd ein
beraittung zů Gottes zucht / ſie müſſen noch weitter
kommen / ſie ſollen auch wiſſen / das ſie geborn ſein das
ſie leren ſollē Got recht erkennen / ſein verhaiſſung von
Chriſto jm gelauben annemen / Got gehorſam ſein vnd
nach ſeinem willen thon vnd leiden / Befilcht der mütter
weitter / ſie ſolle ſie leren / das auch nach diſem leben ein
ewiges leben ſey / das die ewig ſelig ſeien vnd werden / die
im glauben an Got / durch Chriſtu im hayligen gaiſt biß
an anß end verharrē / die dē glauben reichlich mit güten
wercken der liebe hie bezeügen. Item das alle die ver=
dampt werden / die im vnglauben wandlen vnnd ver=
ſchaiden. Item das Got auch hie das güt belone / das böß
ſtraffe / hie vnd dort ewigklich rc. Gibt die mütter ant=
wort / Lieber Herrgott / ich vnd jr vatter ſagen jn ſolchs
tåglich vor / wir gedencken auch nebenn zů vnſers ellenden
fals / auch der erzaigten genade vnd barmhertzigkait vns

bewiſen/vnſern kindern zum exempel vnd lere/das ſie
ſich vor ſünden verhüten wöllen/vnd ſich vor dir jrem
ſchöpffer demütigen/Bitte dich lieber Herrgott/wölleſt
ſy auch ſelbs hörē/wo ſie vnrecht glert hetten/wölleſt
daſſelbig verbeſſerē. Spricht Gott zů Abel der vornen an
ſtůnd/Komme her lieber ſone/fürchte dich nicht/rede frey
herauſz/was hat dich dein vater vnd můter gelernet/was
halteſt du von Got rc. Abel fieng an vnnd ſprach/Ich
glaub inn Gott den Allmechtigen/ewigen/gerechteſten/
gütigſten vnd weiſeſten/in den der diſz alles/was wir
ſehen erſchaffen hat/noch vn allweg erhelt vnd wachſen
laſzt/der vns auch die vernunfft für andere thiere ge=
geben/damit wir hie auff erden ſchaffen vnd werben
künden/der auch vnſeren ältern ein gebot zum gehorſam
geben/ſie aber haben es nit gehalten/darauſz dann die
ſünde vnd vbertrettung/vnd der ſelben ſünd der ſold/
nemlich der todt erfolget iſt/das hat der teüffel an=
gerichtet/der dem menſchē die ehere nit vergünnet/das er
inn Gottes hulde/dauon er gefallen vnd geſtoſſen ſein
ſolt/Gott aber hat nicht die welte wider abtilcken wöllenn
vn verdamen/hat auſz ſeinen gnaden vns ein tröſtlich
zůſagen thon/das der ſame vnſerer můtter ſolte etwann
dem Teuffel herwider den kopff zerknüſchen/vnd vns alle
von deſſelben ſamens wegen inn genad annemē/die ſünde
verzeühen/ewigs leben/weiſzhait vnd gerechtigkait geben
rc. Ich glaube auch das diſz opffer/das vnſer vater thůt/
ein zaichen ſey/das ſich diſer ſame vnſerer můter ſelbs
werde für vnſere ſünd aufopffern/vn Got daſſelbig an=
ſehen/vns zerzeühen/erhören vnd ſelig machen/Diſen
Got vnſern ſchöpffer/diſen verhaiſznen ſamen vnnd er=
löſer/fürcht ich/diſen rüffe ich inn allen nöten an/dem
befilhe ich mich/bitte jn wölle mir genedig ſein meiner
ſünde/vnd mich von ſeines verhaiſſens ſamens wegen
gnedigklich wider den teüffel ſchützen vn ſchirmen/Bitte
auch jn/er wölle das erdtrich ſegnen/vns erneeren/

klaiden/erhalten/vnd vns nach noturfte wie ein rechter
himlischer vatter versehen vnd versorgen.

Da nun Abel sein bekantnus des glaubens gethan/hat
der Herr Gott auch andere kinder gefraget/Seth vnd die
schwestern haben eben disz bekandt/Got lüsse ims treffen=
lich gefallen/vermaint/sie wölten also für [Bl. III^b]
faren/verharren vnd bestendig bleiben bisz ans ende/auff
das sie selig wurden/befilcht jn das sie jren ältern wöllen
gehorsam sein/verspricht jhn/Er wölle jr gnediger Gott
sein. Nach disem rüfft er Cain vnnd anderen schwestern
herzů/Straffet die Eua/das sy die selben verstecket het/
inn mainung als solt er sy nicht als wol sehen als die vor
augen. Cain steht vor dē Herren wie ein stock/wild/
stürisch/sicht saur vnd wůst/hangt jm in dem haare
strew vnd hewe/Empfieng Gott nicht wie andere kind
gethon heten/Ein recht vngeschickter Baure/Fraget der
Herre jn was er glaubet/Hůbe er an auff das schlechtest
was er kundte/Ich glaub wol an Got/dē mein vatter mit
opffer vereeret/ob ehr aber die erhöre die zů jm rüffen/
vnd die sünde vergebe/das waisz ich nicht/ob wir ewig
leben werden/wil ich danu wol jnnen werden vnd sehen/
so ich stirbe. Do er nun sollichs turstig geredt het/fragt jn
Got/Ob er der verhaissung des samens vergessen het/ob
er nichts von der lere des glaubens wuste/straffet jn vnd
vermanet er solte es basz lernen rc. vnd redet weiter zů
jnen/Nun aber solt jr wissen/das ich in der welte will
ein regiment einsetzen/vnd das volck erstlich mit meinem
worte/nachmals mit zuchte der oberkait ziehen/Abel
tridt herbey/Ich leg dir die hend auff/dir gib ich meinen
Gaist/das du sollest Priester sein/mein Wort verkün=
digen vnd opfferen/vnd darumb leiden was dir zůstat/
Ich will dich nit verlassen/Vnd du Seth solt der Edel
vnnd wolgeboren sein/Ich setze dich vber andere/vnd
mache obern ausz dir/inn wölchem regimendt/du solt
mein Wort handhaben/vnd dise straffenn die es mit

wortenn oder wercken lesterenn / Euch zwayenn soll
menigklich gehorsam sein. Cain aber der grobe Baur soll
knecht sein / vnd inn forcht der straff allzeit leben ꝛc. Also
setzet Got dise drey stend in der welte ein. [...]